Hedi Heres

Von Hexen und Druden

rosenheimer

Inhalt

Hui auf und nirgends an
im Teufel sein' Nam'
Von Hexen und Druden 7

Ehrlich macht reich,
aber langsam geht's her
Geschichten um das liebe Geld 25

Der Wirtssepperl z'Garching
Ein bayerisches Original und seine Zeit 43

An Heiden trag' i furt,
an Christen bring' i wieder
Die Taufe im Volksbrauch 65

Aus der Boh, wer's net ko
Von der Leidenschaft des Schlittenreitens 79

Die Doktorbäuerin Amalie Hohenester
Dichtung und Wahrheit um die
Wunderheilerin von Mariabrunn 95

Hui auf und nirgends an im Teufel sein' Nam'

Von Hexen und Druden

Eine unheimliche Nacht geht dem ersten Maientag voraus: Auf den Feldern entzündeten einst die Bauern riesige Feuerstöße, die Bäuerinnen warfen geweihte Palmzweige hinein, die Strümpfe der Kinder wurden kreuzweise vor das Bett gelegt, jeder Besen, jede Mistgabel mußte aufrecht im Stall stehen. Um Mitternacht läutete der Mesner die Wetterglocke, während die Burschen sich Schweifhaare vom Rind in die langen Peitschen flochten. Sie richteten sich zum »Pleschen« oder »Nausgoaßeln« und warteten auf das Kommen derer, die man in dieser Nacht mehr fürchtete als zu jeder anderen Zeit im Jahr…

Hexen treiben es zu bestimmten Zeiten besonders schlimm, so an den Vorabenden der großen Kirchenfeste und in den winterlichen Rauhnächten. Ihr höchstes Fest aber fällt in die Walpurgisnacht vor dem 1. Mai. Ein stiller Friedhof, altes, verfallenes Mauerwerk, abgelegene Wiesen, einsame Berggipfel, wie der Schöckl bei Graz, der Schlern und Ritten in Südtirol, der Staffelstein bei Bamberg oder der Ringberg am Tegernsee, der als vornehmster Treff gilt – da findet man sich zusammen, zieht von weit her, kommt aber niemals zu Fuß: Eine richtige Hexe fliegt! Dazu dienen Besen, lange Stecken, Ofen- und Mistgabeln, als Kommando gilt: »Hui auf und nirgends an, im Teufel sein' Nam'!«

»Hexen sind Frauen, die hexen...«

Läßt man Kinder eine Hexe zeichnen, so sind sich alle einig, wie sie auszusehen hat: »Gräuslich, bös, mit roten Haaren und spitzem Kinn, knochig, schlampig, runzlig, hinkend...«. »Zahnluckert«, setzen bayerische Kinder meistens dazu. Auch Heinrich Heine zeichnete in seinem »Atta Troll« ein nämliches Bild: »... bös und schielend ist der Blick, und es heißt, den armen Kühen, die sie anblickt, trocknet plötzlich in dem Euter alle Milch. Man versichert gar, sie habe streichelnd mit den dürren Händen manches fette Schwein getötet und sogar die stärksten Ochsen...!«

Es gibt kein Land der Erde ohne Hexensagen. Aberglauben verträgt sich mit jedweder Religion, und der Hexenglaube ist sicher so alt wie die Menschheit selber. Die Überlieferungen aller großen Kulturvölker berichten darüber. Ovid erzählt von unheimlichen Hexen, Apuleius schildert, sie würden sich mit Salben einreiben, worauf ihnen Federchen wüchsen, die sie zum Geliebten hinfliegen ließen... In der Naturgeschichte Plinius' des Älteren werden ihnen zwei funkelnde Pupillen in jedem Auge nachgesagt; von Giftmischerei, Kuppelei, Diebstahl von Kindern ist die Rede. Horaz erzählt gar von Dämoninnen, die in den Boden vergrabene geraubte Knaben verhungern ließen, weil sie deren Leber für einen Liebestrank benötigten...

»Hexen, das sind Frauen, die hexen…«, eine ganz einfache Erklärung. Fest steht, daß sie mit Zauberern nichts gemein haben, deren übernatürliche Kräfte nur zur Erlangung von Vorteilen eingesetzt werden, etwa um Kranke zu heilen oder gestohlenes Gut wieder beizubringen. Hexen dagegen sind Weiber, die durch übernatürliche Einwirkung Besitz, Gesundheit, das Leben ganz allgemein schädigen: »Die Hexe ist die Leben, Feld und Flur Schädigende…«

Der erste in Bayern registrierte Fall, an dem eine Hexe schuld gewesen sein soll, ist ein Flurschaden, eine Erntescharte, die nur das Werk eines – nach damaligem Dafürhalten – Bösen sein konnte. Bald aber wurde mehr, schließlich alles, was einen aus heiterem Himmel anfiel, wie Wehdam, Geschwulst oder Bewegungsunfähigkeit, ihr zugeschrieben. Man denke nur an den »Hexenschuß«, bei dem sie sich eben eine bestimmte Stelle im Kreuz aussucht!

»Hexen sind von Gott verlassene Personen, die wissentlich und mit Vorbedacht gegen vertragsmäßige Verschreibung ihrer armen Seele an den Teufel und mit seiner Hilfe Böses treiben; daher ist die Hexerei angelernt, und weil diese Unholdinnen viel wissen müssen in geheimen Dingen, wird vor 50 bis 60 Jahren kein Weib eine Hexe« – gut 100 Jahre alt ist diese Beschreibung und stammt von einem honorigen Mann, dem Königlich bayerischen Gerichtssekretär Franz Seraphin Hartmann zu Bruck. Er veröffentlichte sie 1882 im 41. Band des »Oberbayerischen Archivs« unter der Überschrift »Über schwarze und weiße Kunst in den Bezirken Dachau und Bruck«. Darin heißt es: »Die Hexen sind in der Regel schon äußerlich kennbar, haben eine lange Habichtsnase, rote, rinnende Augen, fast zahnlosen Mund… Ist die Mutter eine solche Unholdin, weiht sie die Tochter schon früh in ihre Künste ein. Der Vertrag mit dem Teufel wird meistens schriftlich und sogar mit Blut ausgefertigt; dieser erscheint hierbei in der Regel als Jäger mit einem Pferdefuß.

Von der Mutter haben sie die Kunst erlernt, sich und andere in allerlei Tiere zu verwandeln, zu verzaubern durch Blick und magische Kräfte; sie machen die Männer unfähig, die Weiber unfruchtbar; verkrüppeln die Geburten von Menschen und Tieren; sie können die Gemüter von Menschen verändern und nach Gefallen von Haß zu Liebe und von dieser zu jenem lenken; sie peinigen Menschen und Tiere innerlich und äußerlich; ihre Geschenke an Gold und Silber verwandeln sich in Kohlen, faules Holz und allerlei Unrat. Vorzugsweise verstehen sie, Wind und Wetter zu machen, durch böse Künste anderer Saaten zu verderben, den fremden Nutzen von Vieh, Butter, Schmalz von den Äckern auf ihr Vieh und ihre Grundstücke herüberzubringen.«

»Sieh, wie die teuflisch' Hexenrott',
nachdem sie hat verleugnet Gott,
ganz schrecklich bei nächtlicher Zeit
suchet hie eine elende Freud…
Ein' die ander' lockt herbei,
da man sie lehrt die Zauberei.
Diese lehrt das Gift bereiten,
ein' andere viel Zeichen deuten,
etliche bringen zu die Nacht
mit Fressen, Saufen über Macht,
ja andere sein gar so verrucht,
treiben mit dem Teufel Unzucht!«

Solche Schilderungen, wie diese des Johannes Praetorius, erschienen reich illustriert in Flugblättern des 15. und 17. Jahrhunderts und wurden viel beachtet. Sie boten neben rührenden Geschichten und politischen Ereignissen auch geeignete Mittel zur Aufklärung des Volkes, wobei anschauliche Berichte über die Tätigkeiten außerirdischer Lebewesen miteingeschlossen waren. Schilderungen der Walpurgisnacht auf »Blocksberg-Flugblättern« erfreuten sich außerordentlicher Beliebtheit. Sie zeigten bevorzugt Massenrasereien, den Teufel als Mittelpunkt, der in Bocksgestalt die Huldigungen seiner Hexen entgegennimmt. Die gingen freiwillig mit ihm den Bund ein, wobei sie ihm – als Parodie auf die christliche Messe gedacht – das Hinterteil küssen mußten. Vieles, was sonst von der Kirche verboten war, durfte auf solchem Fest ausgeführt und folglich auch dargestellt werden: Man betrank sich, ließ Hemmungen fallen, tanzte nackt und zügellos, buhlte und hurte. Im Kessel brodelte währenddessen ein Trank aus Krötenaugen, Schlangeneiern, Kinderkörpern, deren Unschuld beim Genuß auf die gesamte verruchte Gesellschaft übergehen sollte…

Kräuter, Salben, Zaubermittel

Nicht umsonst hat sich der Ausdruck »Hexenküche« bis auf den heutigen Tag erhalten, denn Hexen haben zu kochen! Wie brodelt es da in Shakespeares Macbeth: Haare, Rippen, Zähne, Augen von Toten, geweihtes Öl und Hostien, in Aktion gesetzt durch den magischen Spruch! Die Wirkung von »Hexensalben« beschreibt erstmals im 2. Jahrhundert Apuleius, dessen Hexe Pamphile sich murmelnd und umherhüpfend von der Fußspitze bis zum Haaransatz damit einreibt, worauf aus ihrer Haut kleine Federn sprießen, die Arme zu Flügeln, die Nase zum Schnabel und die Nägel zu Krallen auswachsen: aus der Hexe Pamphile wurde ein Uhu!

Von der Wirkung gefährlicher Kräuter, aus denen man Salben herstellen kann, berichten bereits die Leibärzte der Päpste und Herzöge des 16. Jahrhunderts. Sie könnten einen in tiefen Schlaf versetzen, in herrliche Träume dazu, Reisen durch ferne Länder, Lustplätze, köstliche Mahlzeiten vorgaukeln, aber auch Teufel, Kerker und Qualen erleben lassen. Bei der Zusammensetzung solcher Mixturen ist von Tollkirsche, Opium und Pfeffer die Rede, die wilde Petersilie, die Raute, der Mutterkornpilz – altbekannte Abtreibungsmittel – tauchen auf. Von Farnsamen und Alraunen als Liebeszaubermittel wird berichtet, von der entspannenden Wirkung des Beifußes und der adstringierenden des Eisenhuts, welcher tatsächlich auf der Haut das kribbelnde Gefühl entstehen läßt, als wüchsen kleine Federn…

Die heutige Chemie bestätigt, daß Bilsenkraut, Stechapfel, Tollkirsche, die ebenfalls erwähnt werden, durch ihren Alkaloidgehalt bewußtseinserweiternd wirken. Dieser kann überdosiert sogar zur Betäubung führen. Auch ist die Wirkung von Sellerie, Mohn oder Opium seit Jahrhunderten bekannt. Am Wahrheitsgehalt der Berichte, wonach damit gesalbte Personen in tiefen narkotischen Schlaf fielen und nach dem Aufwachen von schönen Träumen mit weiten Reisen, Luftfahrten, Liebeserlebnissen erzählten, ja von der Wirklichkeit des Geträumten überzeugt waren, ist also nicht zu zweifeln. Mit Hexensalben und -tränken zu experimentieren, ist modern, nur hat der Mensch des 20. Jahrhunderts eine andere Einstellung und deshalb andere Erlebnisse als ein Hexengläubiger früher. Vielleicht aber wirkt heute nicht mehr, was es früher getan? Oder mußte man solch ein Fest bereits vorher erlebt haben, um es später durch Salbenwirkung zurückrufen zu können? Die narkotisierende Wirkung von Fliegenpilzen oder Tabak läßt die Schamanen Afrikas auch heute von einem Besuch im Himmelsland erzählen. In Asien werden Halluzinogene eingeatmet, in Amerika und Europa gespritzt, die mexikanischen Indios reiben die Magengegend mit in Öl gelösten Samen und Blättern des Stechapfels ein, und alle erleben ihre Visionen, ihre »Weltraumfahrt der Seele«, ihre Horrortrips. Ob durch Kakteen, Hanf, LSD herbeigeführte Bewußtseinsänderung – ein Hexenjäger müßte dafür Todesurteile aussprechen!

Die unheimlichen Frauen

Durch die Jahrhunderte zieht sich eine richtige »Hexentradition«. Nur zu verständlich, daß das der Magie abholde Christentum, seit dem 4. Jahrhundert Staatsreligion und damit alleiniger Mittler zwischen Welt und Überwelt, nicht tatenlos zusehen konnte. Im 5. Jahrhundert gelang es der Kirche, die Vorstellung von zauberischen Frauen als heidnisch und verboten zu bezeichnen. Wer an ihr Auftreten und ihre Macht glaubte, wurde als Ketzer verdammt. Später, im 11. und 12. Jahrhundert, verlangte die Kirche, daß sehr wohl an die Existenz böser Dämonen geglaubt werden müsse. Sie hielt die Zügel wider diese fest in der Hand, schürte die Angst der zweiflerischen Christen, ließ sie bewußt an das Böse, Hexen und Teufel glauben und bestärkte die Furcht, in der Hoffnung, daß daraus eine Hinwendung zum christlichen Glauben erfolge.

Es entwickelte sich allmählich ein recht komplexes Gebilde aus Tradition und Geheimhaltung, Fortleben vorchristlicher Kulte und Fruchtbarkeitsrituale, Ekstasen und Träumen mit darin eingebundenem Wissen weiser Frauen. Der männliche Hexer spielte eine unbedeutende Schattenrolle. »Hexen sind Frauen, die hexen«, sie haben von Natur aus eine empfänglichere Phantasie und auch – da seßhaft – mehr Muße, sich ihr und ihren Auswüchsen hinzugeben. Nicht umsonst lag in vorchristlicher Zeit die Heilkunde zum Teil in Händen der Frauen. Allerdings bedienten sie sich in Ausübung ihrer Praktiken nicht nur der Pflanzen und Drogen. Die magische Handlung, der Zauberspruch, kam dazu, weshalb in christlicher Zeit ihre Dienste als ketzerisch verurteilt wurden. Nicht selten lieferten sie sich der Verfolgung aus. Im Mittelalter wurde die Medizin für den Adel von Ärzten praktiziert. Mönche züchteten in Klöstern die erforderlichen Heilkräuter, schrieben Bücher der Heilkunst. Frauen dagegen wurden trotz ihres vorhandenen Wissens und ihrer Erfahrung zu einem Studium nicht zugelassen.

Schwangerschaft und Geburt, die rein weiblichen Domänen, blieben von so viel Unheimlichem behaftet, daß Frauen dabei nur auf gegenseitige Hilfe angewiesen waren. Die meisten einschlägigen Erfahrungen sammelten Hebammen.

Ihr spezielles Wissen um Fruchtbarkeit, Verhütung, Abtreibung und Geburtshilfe führte beim männlichen Geschlecht zu wachsendem Unverständnis, aus Hilflosigkeit sogar zu Feindseligkeit, gerade gegenüber dem Berufsstand der Hebammen.

»Also schlecht ist das Weib von Natur, da es schneller am Glauben zweifelt, was die Grundlage aller Hexerei ist...«, diese böse Behauptung wurde um das Jahr 1487, also vor 500 Jahren, erstmals veröffentlicht und zeigt, wozu die Voreingenommenheit allmählich geführt hatte.

Reichhaltige Fundgrube des damaligen Volksaberglaubens im bayerischen Stammesgebiet ist eine Dichtung, verfaßt von Hans Vintler, der Anfang des 15. Jahrhunderts am Ritten lebte. Er glaubte selbst weder an Hexen noch an zauberische Künste alter Weiber, bestätigte aber den damals herrschenden Hexenwahn: »Viele der Weiber können Herzen verwandeln zu Liebe oder Feindschaft. Etliche beten den Teufel an, Sterne, Sonne oder Mond. Viele sagen, sie können Unwetter machen, etliche nehmen Katzengestalt an...« Nichts beweist, daß man damals in Bayern bereits gerichtlich gegen Hexen vorgegangen wäre. Lediglich in Weihenstephan wandte sich einmal der Volkszorn gegen drei arme Weiber und bestand auf ihrer Verbrennung.

Auf ein Schicksal darf allerdings in diesem Zusammenhang nicht vergessen werden: das der schönen Augsburger Baderstochter Agnes Bernauer, die viele als Hexe anschauten, da sie den jungen Herzog Albrecht »bezaubert« hatte. Dessen Vater Ernst stellte sie vor dem Kaiser als Giftmischerin hin. Ob er sie vom Straubinger Hofgericht letztlich doch als Hexe verurteilen ließ – heimlich –, dafür fand sich kein Beweis. Fest steht nur, daß die Bernauerin in der Nacht vom 12. auf den 13. Oktober 1435 zu Straubing in die Donau gestoßen und so lange untergetaucht wurde, bis das grausige Urteil endlich vollstreckt war.

Angst macht die Menschen grausam, wiederholte Grausamkeit macht gefühllos und schließlich lüstern nach dem Schauerlichen. Vom 5. Dezember 1484 an, also knapp 50 Jahre nach dem Mord an der Bernauerin, war die Jagd auf Hexen frei. Es wurde ihnen der Prozeß gemacht.

Der Hexenwahn war kein Verhängnis wie ein Erdbeben, er wurde durch bestimmte Menschen ausgebildet und genährt, verbreitet und angewendet. Aus welchen Wurzeln der Vorstellungskreis auch ursprünglich erwachsen sein mag, zur Zeit der Hexenprozesse spielte er auf dem Boden der christlichen Glaubenslage. Bei den hier angesprochenen Menschen handelt es sich um die durch Papst Innozenz VIII. eingesetzten Inquisitoren, die in seinem Auftrag ganz Europa bereisten und zwecks Aufdekkung und Ausrottung der Hexerei durchforschten. Denunziation, Verhaftung auf Gerücht, Folter, Prozeß ohne Verteidiger, Verbrennung der für schuldig Gehaltenen waren die Folgen.

»Der himmelschreiende regelmäßige Justizmord«

Zur Durchführung benutzten die Inquisitoren eine Rechtsgrundlage, ein Buch, das zu den schauerlichsten der Weltliteratur gerechnet werden muß: »Malleus maleficarum«, der »Hexenhammer«, 1489 zu Köln erstmals veröffentlicht und dann 16mal neu aufgelegt. Die Verfasser, die päpstlichen Inquisitoren Heinrich Institoris und Jakob Sprenger, brachten damit Hexenwahn und Hexenbekämpfung erst in ein richtiges System – und das nicht im finsteren Mittelalter, wie oft fälschlich behauptet wird, sondern zu Beginn der Neuzeit, im Zeitalter des Humanismus! Mit dem Aufblühen der Vernunft begann der Höhepunkt der Hexenverfolgung und -ausrottung!

Der Inhalt des »Hexenhammers« gelangte durch Predigten, bildliche Darstellungen und populäre Ausdeutungen bald unter das Volk, wo er in Verschmelzung mit altem Volksglauben eine neue, ungeahnte Kraft entfaltete. Die Künstler nahmen sich des Themas an, phantasievoll und zügellos: Dürer, Botticelli, Hans Baldung Grien überboten sich in Holzschnitten und Kupferstichen bei der Darstellung höllischer Orgien, Salbungen, Hexenritte und Blocksbergfeste.

Der »Hexenhammer« spricht eine barbarische Sprache. Scharfsinn und Blödsinn, gepaart mit gefährlicher Haarspalterei, kennzeichnen ihn. Sein erster Teil befaßt sich mit den Personen, die sich bei Hexerei zusammenfinden, also mit Hexe und Teufel, sein zweiter behandelt die verschiedenen Arten und Wirkungen der Hexerei, sein dritter stellt schließlich den Kodex auf, wie dagegen zu verfahren sei. Die Verhöre machten vor nichts und niemandem halt. Es durfte kein Tröpfchen Blut dabei vergossen werden, lediglich »weh getan«, lautete die Anweisung, doch gibt es keinen Hinweis darauf, wie weh! Die Glieder der Befragten müßten heil bleiben; überlebte eine Gefolterte jedoch nicht, so hatte eben »der Teufel sein' Hur' umgebracht«. Zur »Nadelprobe«, dem Test der Muttermale, verwendete man eine spezielle Nadel, die sich beim Anstechen zurückzog – was aber nur dem Inquisitor bekannt war! Nichtblutende Hautflecken galten als Merkmal von Hexen. Wer, zur »Wasserprobe« gefesselt ins Wasser geworfen, immer wieder auftauchte, war eine Hexe und wurde verbrannt – wer unterging und ertrank, war keine, aber überlebte nicht!

Über Untätigkeit konnte sich der Hexenkommissär nicht beklagen, in jedem Dorf fand sich ein offenes Ohr. Ein winziger Zettel genügte dann bereits, daß ein Mann das ungeliebte Weib, daß ein Vater die nicht standesgemäße Schwiegertochter, ein Erbschleicher die entsprechende Tante einfach und billig loswurde.

Die frühe Neuzeit war eine Zeit der Unruhe und des Umbruchs. Die Lockerung der Leibeigenschaft hatte zur Flucht in die Städte geführt, endete aber für viele in Armut und Elend. Seuchen brachen aus. Wanderprediger berichteten von Kometen, warnten, Gott wolle scheint's die Menschen strafen. Man suchte Schuldige, erinnerte sich der Gerüchte um die Hexen. Als der 30jährige Krieg ausbrach und mehr als ein Drittel der Bevölkerung dahinraffte, wurde aus der Angst heraus der Entschluß, das Böse zu vernichten, um die eigene Sicherheit zu stärken, immer fester. Die Hexenverfolgungen entwickelten sich vor allem in den Städten zum Gewerbe, zur sicheren Einkommensquelle für Richter, Henker, Zimmerleute, Schreiber und Landesherrn. Je mehr eine Hexe unter der Folter verriet, desto mehr blühte das Geschäft. In der Nähe des Scheiterhaufens stellte man Buden auf, errichtete Logenplätze, zog die Zeremonie der Hinrichtung über den ganzen Tag hin …

Die Statistik gibt für den Zeitraum zwischen 1550 und 1750 zwischen 100 000 und 3 Millionen Hinrichtungen an. Andere Quellen allerdings mutmaßen, es könnten bis zu 9 Millionen gewesen sein!

Obgleich die Prozesse auch in Bayern wüteten, erreichten sie hier doch nicht solch extreme Ausmaße wie anderswo. Wie der Münchner Historiker Sigmund Riezler in seiner »Geschichte der Hexenprozesse in Bayern« schreibt, soll in gewissen Schichten der Bevölkerung, speziell in richterlichen Kreisen, eine nicht zu unterschätzende Gegenströmung geherrscht haben. Gerade die strenge bürokratische Verwaltung unter Maximilian I. schränkte Exzesse ein, da jedes Urteil vom Hof bestätigt werden mußte. Es wurden auch keine Fälle von Willkür und Habgier der Richter bekannt. »Es vollzog sich«, laut Riezler, »in aller Legalität der himmelschreiende regelmäßige Justizmord!« Auch die bayerische Geistlichkeit war alles andere als fanatisch. Es scheint nicht, daß aus dem Klerus heraus der Hexenwahn gefördert wurde. Zurückhaltung und Mäßigung blieben in gewisser Weise immer gewahrt.

1775 wurde die letzte Hexe in Deutschland hingerichtet. Damit war der Schlußstrich unter eine unselige Vergangenheit gezogen.

Der Aberglaube war damit aber beileibe nicht ausgerottet, bietet er doch nach wie vor eine nur allzugern angenommene, einfache Erklärung für die vielfältigsten Störungen unserer Weltordnung. Der Teufel und seine irdischen Verbündeten, die Hexen, müssen immer noch für das herhalten, was unser exaktes rationales Denken nicht zu deuten vermag:

»Die Wetterhexen verstehen die uralte Kunst, durch ausgesätes Pulver, Ausstreuen von Kügelchen, Pech und Haaren etc. Reif und Nebel, vorzugsweise aber Sturm und Hagel zu erregen...«

»Die Kornhexe geht mit Sicheln an den Füßen durch das Feld, und das Getreide fliegt ihr beim Dreschen zu, wo sie hintritt, wächst nichts mehr...«

»Die Schmalz- und Butterhexe versteht den Nutzen fremder Kühe auf die ihrigen zu übertragen, sie melkt am nächsten Zaunstecken die Kühe ihrer Nachbarn so völlig aus, daß sogar die besten keine Milch mehr, nur Blut und Wasser geben, ihre eigenen aber liefern ständig Milch...«

Die Druden

Im Bayerischen Wörterbuch des Andreas Schmeller aus dem Jahr 1827 finden sich über die »Hechse« nur wenige Zeilen. Eine lange Abhandlung dagegen widmet er »der Trud«:

> »Nach dem Wahn des großen Haufens: eine jener Art Hexen oder Unholdinnen, deren besondere Liebhaberei es ist, sich schlafenden Personen in allerlei furchtbaren Gestalten recht breit und schwer auf die Brust zu setzen und ihnen die ängstlichen Empfindungen zu verursachen, die man anderswo den Alp oder das Alpdrücken nennt. Dieser an sich gleichgültige Wahn hatte früher das Bedenkliche, daß der gemeine Mann nicht selten bestimmte, besonders ältere Weibspersonen aus seiner Gegend für Truden zu halten und als solche anzufeinden beliebte.«

Auch der Brucker Gerichtsschreiber Hartmann geht in seiner Abhandlung über »Schwarze und weiße Kunst« ausführlich auf die Druden ein:

> »Dieselben sind selten junge Mädchen, meist schon ältere Weibspersonen; man wird erst mit 40 Jahren zur Trud, denn das Truden ist angeboren oder, wenngleich selten, angetan: das eigentliche Auf und Nieder dieser Wesen ist, Menschen und Vieh, namentlich das junge, aus Haß, Feindschaft oder bloßer Lust bei der Nacht zu drücken, zumeist sind

Wöchnerinnen und neugeborene Kinder, aus den Tieren Pferde, von solchen Inkuben heimgesucht...

Die Truden können dem inneren Drange, auf diese Weise zu quälen und zu schaden, nicht widerstehen. Die einen müssen des Jahres nur viermal, je nach dem Sonnenstande, andere alle Monate je nach dem Mondwechsel, wieder andere noch öfters zum Drücken ausfahren; wenn man aber einer Frau, die Trude ist, ein lebendes Wesen zum Erdrücken überläßt, dann ist sie von diesem Bann für immer befreit und darf nie mehr zum Drücken ausgehen. Aber so mächtig ist dieser dämonische Trieb, daß, wenn die Truden keinen Menschen oder kein Tier drücken können, sie sich auf einen Holzblock oder Schneidbaum werfen und an demselben zu Tode drücken! ...

Was das Äußere einer Trud anbelangt, so sind es zumeist häßliche Weiber voller Runzeln im Gesicht und mit kurzen, grauen Haaren. Beim Truden sind sie weiß gekleidet und oft mit einer eigentümlichen Kopfbedeckung, einer Papiertüte ähnlich, versehen...

Eine Trud kann durch eine Türspalte, ein Schlüsselloch, eine zerklüftete Fensterscheibe, durch kleinste Öffnungen hindurch; es gibt aber auch noch Teufelstruden, die gar keinen Leib haben, daher nicht gesehen werden können. Diese schweben bei Tag in der Luft, nachts lassen sie sich zu Boden und schleichen in Häuser, Viehställe und Milchkammer ein...«

So war es vor 100 Jahren im »Oberbayerischen Archiv« zu lesen!

Wer sich nicht fürchtet, läßt eine Drud ruhig kommen und sagt, sobald sie zu drücken anfängt: »Drud, komm morgen, i will dir was borgen!« – so muß sie sich am nächsten Tag in ihrer wahren Gestalt zeigen, wird erkannt und traut sich kein zweites Mal.

Um eine Frauensperson als Hexe oder Drud zu erkennen, schwebte in den Bauernstuben eine »Unruh«, der Vorläufer unseres heutigen Mobile, von der Decke herab. Das bizarre Gebilde aus ineinander verflochtenen Strohhalmen und roten Bändern mußte sich ständig bewegen. Stand es still, befand sich eine Drud in der Stube!

Bei der ganzen Hexen- und Drudenabwehr sind Glaube und Aberglaube eng miteinander verwoben: Geweihtes Salz, Kräuter, Kerzen, Weihrauch und Segensformeln werden ergänzt durch den an die Stalltür gehängten Drudenstein, einen flachen runden Stein beliebiger Größe, der in der Mitte ein natürliches Loch aufweisen muß, in dem sich die Drud zu Tode rennt... Schratlgatterl, Pentagramme, Drudenfüße, »Fraisenkette«: ein Kompositamulett mit Kreuzen, Korallen, Medaillen, Steinen, Zähnen; sie belegen deutlich die Zuflucht zum Glauben, gepaart mit der Flucht in den Aberglauben.

Zum gleichen Ergebnis kommt auch der Tölzer Ehrenbürger Professor Sepp in seinen vor rund 100 Jahren erteilten Ratschlägen:

> »Der Schwarzkunst muß man durch weiße Magie begegnen. Zu diesem Zweck hielt früher fast jedes Kloster seinen Hexenpater, welcher Agnus Dei, aus Wachs und Reliquienstaub gebacken, Agathazettel

zur Besegnung von Stall und Haus, Lukaszettel und Hexenrauch vergab…«

In seiner Abhandlung kommen auch die beliebten Georgentaler und Benediktuspfennige vor, die man zur Hexenabwehr trug, sei es im Geldbeutel, an der Uhrkette oder am Rosenkranz. Bald befestigte man sie überall dort, wo Schutz nötig war, an der Kinderwiege genauso wie an der Mehltruhe.

Selbst ein Wilhelm Busch zweifelt nicht an der Existenz der Drud und verewigt sie in Versen. Seine zuletzt geäußerten Ratschläge, den Umgang mit Druden betreffend, klingen, im Gegensatz zu vielen anderen hier erwähnten, durchaus empfehlenswert:

Wahrlich, sagte meine Tante,
die fast alle Geister kannte,
keine Täuschung ist die Drud!
Weißt du nicht, daß böse Seelen
nächtlich aus dem Leibe rücken,
um den Menschen zu bedrücken
und zu treten und zu quälen,
wenn er auf dem Rücken ruht?

Lautlos durch verschlossene Türen
immer näher siehst du's kommen
zauberhaft und wunderlich.
Und dir graust es vor dem Dinge,
und du kannst dich doch nicht rühren,
und du fühlst dich so beklommen,
möchtest rufen, wenn's nur ginge,
und auf einmal hat es dich.

Und wer klug, weiß sich zu schützen.
Abends beim Zurruhegehn
brauchst du bloß darauf zu sehn,
daß die Schuhe mit den Spitzen
abgewandt vom Bette stehn.

Außerdem hab' ich gehört:
Leichtes Herz und leichter Magen,
wie in andern Lebenslagen,
sind auch hier empfehlenswert!

Ehrlich macht reich, aber langsam geht's her

Geschichten um das liebe Geld

Geld regiert die Welt, und wer mitregieren möchte, sollte wissen, wie man dazu kommt! Bei uns in Bayern ist man überzeugt davon, daß es sich vorher ankündigt: Juckt einen am Morgen der linke Handteller, steht Geldsegen ins Haus, ist es der rechte oder gar der Daumen, hält man sich besser zurück, denn das bedeutet genau das Gegenteil, nämlich das Ausgeben…

Es fällt auf, daß am Wesen und Ursprung kaum eines anderen Volksstammes so herumgerätselt wird wie beim unseren. Dazu paßt, daß auch die Forschung der jüngsten Zeit gerade so viel Neues zutage brachte, daß man es mit dem altbekannten »Nix G'wiss' woaß ma net« umschreiben könnte.

Gewiß jedenfalls ist, daß viele Versprengte unterschiedlichster Herkunft im Lauf der Zeit ihre Spuren hinterließen. Und so könnte man – rein hypothetisch natürlich – folgern: Von der einstigen römischen Besatzungsmacht stammt unser Hang zum guten Leben, auf die germanischen Söldner aus dem Osten könnte unsere sprichwörtliche Gastfreundschaft zurückzuführen sein, die Ostgoten verliehen uns die markanten Gesichtszüge. Was den Bajuwaren aber am meisten prägte und noch heute mit den größten Eigenbrötlern und Dickschädeln von ganz Europa stammesverwandt macht – mit den Iren, den Schotten, den Bretonen –, das ist das keltische Blut. Davon kommt das Lustige, schnell Aufbrausende, die Freud' an der Zurschaustellung, der Hang zum starken Glauben wie Aberglauben, desgleichen das Rauhe, einschließlich der Neigung zum Meineid, sagt man. Von den Kelten stammt auch das erste auf bayerischem Boden geprägte Geld: dünne, runde, leicht gebogene Münzen, ohne Inschrift, nur mit Ringen, Kugeln, Sternen verziert.

Die Kelten haben das Münzwesen allerdings nicht erfunden; als Geburtsstätte des geprägten Geldes im 7. Jahrhundert wird Kleinasien angesehen. Auch konnten sie ihre Technik nicht verbessern, weil ihnen die Römer Gold und Silber abnahmen, lediglich Bronze ließen. Die Bajuwaren kümmerten sich nur wenig um metallische Zahlungsmittel, sie blieben beim Naturalverkehr.

Erst das Aufblühen der Städte und Märkte im frühen Mittelalter macht den Münzumlauf nötig. Jetzt ist ein einheitliches Zahlungsmittel unumgänglich und nach der Entdeckung der neuen Welt und ihrer Edelmetallschätze auch verfügbar. Doch das bayerische Volk, vor allem das auf dem Lande, sieht in den Münzen eher einen abstrakten Wertmesser und benützt diese bald zu Zwecken, die ganz außerhalb der eigentlichen Bestimmung liegen. So wird Bayern zwar Wiege des deutschen Münzwesens, aufgrund seiner günstigen Lage und selbständigen Führung; die Bauern aber betrachten seine Produkte argwöhnisch und gewöhnen sich nur schwer an den Umgang damit. Eigentlich setzt sich dieser erst seit 500 Jahren allmählich durch. Bald aber tönt es danach von den Kanzeln: »Gold und

Geld regiert die ganz' Welt! Es schlagt alles, jagt alles, trutzt alles, stutzt alles, es treibt alles, reibt alles, findt alles, überwindt alles – oh verflucht's Geld, verrucht's Geld, du gesamt's Geld, verdammt's Geld...«

Für ein *verbum diaboli,* ein Teufelswort, schaut es auch Martin Luther an, eindrucksvoller jedoch schießt Abraham a Santa Clara die Pfeile heraus:

> »Geld tut glauben machen, Geld hilft zu allen Sachen. Ist denn der Teufel in dem Geld, daß ohne Geld man nichts erhält? Das Geld ist das Allerstärkst' auf der Welt...«

...und der Glaube an diesen machtvollen Einfluß auf das menschliche Leben führt in Bayern zu einer schier unglaublichen Fülle von Zutrauen und Aberglauben, der sich bis heute hartnäckig hält – beim Geld!

Der Aberglauben rankt sich zum einen um die Tatsache, daß man für etwas an sich Wertloses – kleine runde Scheiben – so viel Wertvolles kriegen kann – eine Tatsache, die nicht selbstverständlich ist und erst gelernt werden muß, ganz zu schweigen vom unterschiedlichen Wert dieser Scheiben.

Wer erinnert sich nicht der leidvollen Erfahrung, wenn einen als unbedarften Kleinen ein Größerer, Schlauerer hereingelegt hat. »Gibst ma dei Markl, kriagst von mir 5 Zehnerl! Schau, 5 Kreizi für 1 Kreizi!«

Schier philosophische Betrachtungsweisen ruft solches Lernen bei manchem Zeitgenossen noch in reiferen Jahren hervor: »Fünf Mark ham und net ham, san zehn Mark, und zehn Mark ham und net ham, san zwanzig... und dabei in Spiegel neigschaut, san schon vierzig...«

Der Aberglaube entspringt zum anderen dem metallischen Charakter der Münzen und dem Vertrauen auf dessen übernatürliche Kräfte, speziell bei Gold und Silber, worauf die alten Germanen schon viel hielten. Insbesondere wird die Macht gestohlener und geliehener, erbettelter und gefundener oder gar geweihter Münzen hoch eingeschätzt. So regten die immer wieder, vor allem auf regennassen, durchweichten Äckern gefundenen keltischen Münzen unsere Bauern zur Bezeichnung »Regenbogenschüsselchen« und zur Vermutung an, diese seien nach Gewitterschauern über den Regenbogen vom Himmel gefallen. Deshalb müßten sie wundertätig sein, glaubte man, und legte sie dem Kranken in den Tee und dem weinenden Kind in die Milch, auf daß im Getränk die metallische Wunderkraft sich entfalte. Der Aberglaube rankte sich um Pfennige, Taler, Dukaten, Gulden – Geld also, das von Form und Bild her die Volksphantasie weit mehr anregte als das heutige. Neuzeitliches Papiergeld und Schecks verführen vielleicht zum Fälschen, schreibt aber einer – wie bereits geschehen – auf seinen Schein »Baldiges Wiedersehen!« oder den sinnigen Spruch »Leb wohl und komm bald wieder, mit 100 000 deiner Brüder«, so ist das wohl mehr als Scherz denn als Aberglauben zu werten!

Sprichwörter und Redensarten

»Du edles Fräulein Geld, um dich wirbt jedermann. Weshalb? Weil deine Lieb' auf Erden alles kann!« So nachzulesen auf einem Nürnberger Kupferstich vom Jahr 1632. Wie sehr das Geld schon immer den Einfallsreichtum des bayerischen Volkes beflügelt hat, davon zeugen allein

1580 Sprichwörter und Redensarten, aufgeführt in der wohl umfassendsten derartigen Sammlung, dem fünfbändigen Werk von Konrad Friedrich Wilhelm Wander. Allein schon die Bezeichnung »Geld«, die vom mittelhochdeutschen *gildan*, das heißt »bezahlen«, stammt – *gild* war das Wort für Steuer, Zins – das Wort »Geld« hat dem Volk nicht viel gegeben. Lieber wählt es bildhafte Ausdrücke, bevorzugt solche, in denen so richtig die Verachtung dessen, dem man da ewig nachlaufen muß, spürbar wird: das »Pulver«, weil es sich gar so schnell verflüchtigt, das »Blech«, denn Pfennige waren nur dünne Blättchen, der »Baaz«, der »Letten«, weil es ja bekanntlich auf der Straße liegt, oder man verwendet »Kohlen«, von jiddisch *kal*, was »leicht« und »nichts wert« bedeutet. »Diridari« und »Bims« sind wohl als reine Lautmalereien zu betrachten, beim letzteren vermeint man das Geräusch herabfallenden Geldes zu hören! »Kreuzer« und »Krone« lassen die Prägung erkennen, »Schotter« gibt vielleicht das Durcheinander der Münzen beim Blick in den Geldbeutel wieder. Hinter dem »Kies« dagegen stehen keine Steine, sondern das arabische Wort für den Geldbeutel, den *kiß*, das »Moos« leitet sich vom jüdischen *mos*, das ist die kleine Münze, ab. Der »Zaster« stammt aus der Zigeunersprache, die mit *saster* das Eisen meint. Nicht vergessen werden darf der »Maxe«, eine unter Münchner Handwerkern sehr beliebte Umschreibung. Sie geht auf den »Maxdor« zurück, ein Goldstück, das Kurfürst Max Emanuel analog dem französischen »Louisdor« prägen ließ. »Pinke-pinke« kommt wohl nicht so leicht über bayerische Lippen; es leitet sich ab vom westfälischen »pinken« und bedeutet »Geld in die Luft werfen«, gehört aber beim weltoffenen Bayern absolut zum Repertoire, genauso wie die »Marie« – ade, Marie, das Geld liegt auf der Fensterbank, unentbehrlich beim Kartenspiel. Die »Marie« schlich sich aus dem Wiener Jargon ein, wo »Marie« der Gattungsname für alle Madl schlechthin ist, und bedeutet das Geld, das Soldatenbräute für ihre minderbemittelten Verehrer ausgeben mußten. Daher stammen übrigens auch die Umschreibung »Maria Empfängnis« für den Löhnungstag und die Bezeichnung »Mariedl« für die Brieftasche.

Es soll Leute geben, die sind auf das Geld aus wie der Teufel auf die arme Seel'! Das müssen deshalb noch lang keine »Notnickel«, keine »Batzenlippl« und keine »Pfennigfuchser« sein. Und »Geltsgottschlucker«, die alles für ein Vergeltsgott haben möchten, sind eine ganz andere Gattung, wie auch die bekannte »Büchslmadam«, eine durchaus ehrenhafte Münchner Bezeichnung für eine Weibsperson, die aufgrund ihrer nicht gerade üppigen Einkünfte zum Einteilen gezwungen ist. Also richtet sie sich verschiedene Büchserl her und füllt sie an jedem Monatsersten: Aus dem ersten zahlt sie die Miete, aus dem zweiten das Essen, aus dem dritten die Trambahn, aus dem vierten den neuen Hut, und so fort...

Um bei den 1580 Redensarten zu bleiben, keiner kommt ohne die Erfahrung aus: »Ein Geld im Beutel ist für alle Wunden ein Kräutel« und »Pfennigsalben tuat Wunder«. Aber Pfennige brauchen auch das Zusammenhalten, denn sie sind rund und rollen einem leicht durch die Finger. Wer dies beachtet, ist ein Mann »von echtem Schrot und Korn«, ein Vergleich, der nicht etwa aus der Jägersprache, sondern vom Münzprägen stammt: Unter »Schrot« versteht man das Gesamt- und unter »Korn« das Feingewicht einer Münze, ihren Anteil an Edelmetall, ihren »guten Kern« gewissermaßen. Daß er auch weiß, »wo der Bartl den Most holt«, ist damit nicht gesagt, denn diese Redensart hat mit Sankt Bartholomäus und seinem Trunk gar nichts zu tun. Der hier angesprochene »Bartl« heißt eigentlich »Barsel« und bedeutet die Brechstange, mit der einer ans »Moos«, ans Geld kommt. Daß »Geld nicht stinkt«, *pecunia non olet*, hat uns bereits die römische Besatzungsmacht vor langer Zeit beigebracht. Und dennoch behaupten unsere Bauern so manches Jahr: »Heuer riacht die Gersten nach Geld« – in der Hoffnung, daß ihr Verkauf dann das richtige »Gerstl« einbringt. »Ehrlich macht reich, aber langsam geht's her...« Manchmal wird man den Eindruck nicht los, daß »Geld am Geld zualafft«: »Leut' gibt's, die ham Geld wie Heu und denen schneibt's as no, bis sie schwimmen im Geld, wie nach dem Goldregen von der Frau Holle. Anbauen könntens' as, de Geldigen, so viel hams', grad schaun müssens', daß's eahna net grawelt, net schimmlig wird!«

Mancher Bayer kommt ob der Tatsache solchen Reichtums ins Sinnieren und bildhafte Vergleichen: »Leut' gibt's, de ham se d' Händ' nia gwaschen und doch goldene Finger. Wenn de an Taubenkogel auskratzen, dann fallen eahna d' Silbertaler entgegen..., de san allweil guat eingsäumt..., bei denen is was dahoam.«

Und um keinen Neid aufkommen zu lassen, setzen sie gleich noch dazu: »Mei, wo der liebe Gott hintritt, da wachst halt das Geld, aber der Teufel ist der erste, der es findt. Und wo Geld is, da macht der Teufel no an Haufen hin, kannst sagen, was d' willst, wo Geld is, is der Teufel!«

Worauf meistens ein zweiter ergänzt: »Und wo koans is, is er zwoamal!«

Und wieder andere Leute gibt es, »bei denen glangt's hint und vorn net, de bleibn eahna Lebtag barfuß bis zum Hals, arm wie eine Kirchenmaus.«

Oder – noch anschaulicher: »Bei dene sitzen sogar d' Mäus' mit verwoante Augn auf der Kellerstiagn!«

Als Trost bleibt: »A guata Ruaf is besser wia a schlechts Geld« und »as letzte Gwand hat koa Taschen«, denn »in d' Gruabn ko am End neamad was mitnehma!«

Schweinsrüssel und Maulwurfsfelle: Volksglauben rund ums Geld

Die Stellung des Kommas auf einem Bankkonto hängt nach bayerischem Dafürhalten nicht zuletzt mit dem Verzehr bestimmter Speisen an gewissen Tagen zusammen: Wer an Silvester quellende Nahrungsmittel wie Linsen, Erbsen, Hirse, Grieß oder Mohn ißt, merkt deren Volumenvergrößerung bald am Umfang seines Geldbeutels. Im Oberland schwören die Bauern nach wie vor auf das Stück Schweinsrüssel vom Mittagessen am Neujahrstag: Der Glücksbringer soll die Geldquellen des neuen Jahres zielsicher aufspüren und aufwühlen.

Auch Tiere können Glück in Geldsachen avisieren, besonders im Frühjahr: Der erste vorbeigaukelnde Schmetterling sollte ein weißer sein, ein gelber verkündet Glück ganz allgemein. Kröten, die bekannten Geldhüterinnen im Märchen, bedeuten, zumal wenn sie in größeren Scharen auftreten, Geld in rauhen Mengen. Beim ersten Kuckucksruf muß man den Geldbeutel schütteln, beim Anblick der ersten Schwalbe des Jahres ein Steinchen aufheben und in die Brieftasche stecken, schon kann einem in diesem Jahr das Geld nicht mehr ausgehen.

Die nämliche Wirkung sagt man übrigens auch der im Geldbeutel mitgetragenen Fischschuppe vom Silvester-,

Weihnachts- oder Aschermittwochkarpfen nach, desgleichen einem runden Stückerl Maulwurfsfell. Viele schwören diesbezüglich auf Johannis- oder Tausendguldenkraut, das vierblättrige Kleeblatt, auf die schwarzen Kügelchen von der Unterseite eines Farns...

Vom Geld träumen gar viele – mit offenen Augen! Tun sie es tatsächlich im Schlaf, bedeutet dies lediglich Verdruß, Zank, Unglück. Ein Geldgewinn im Toto oder Lotto kündigt sich im Traum viel unangenehmer an: durch Läuse, Wanzen und ähnliches Ungeziefer, oder aber durch verstorbene Freunde und Verwandte. Deren persönliche Daten, Namens-, Geburts- und Sterbetage, richtig gesetzt, versprechen höchste Chancen. Um Glücksnummern zu erfahren, braucht man lediglich einen Totenkopf unter dem Kopfkissen, aber es hilft auch regelmäßiges Schneiden der Fingernägel am Karfreitag – danach fallen einem die richtigen Zahlen wie von selbst ein, heißt es. Sollte dies allzu abergläubisch anmuten – man kann auch zu den Armen Seelen beten!

Würden derartige Praktiken aber jetzt bei jedem funktionieren, dann fielen die Auszahlquoten in den Keller, und da wäre es besser, man hätte daselbst einen richtigen, eigenen Geldsch..., einen Esel wie im Märchen – leider eine Rarität!

So verläßt sich mancher immer noch auf die alte Erfahrung, daß sich im Strumpf aufbewahrtes Geld von allein vermehrt. Heimlich raunt man sich in Bayern seit Jahrhunderten zu, manche Leute hätten zum selben Zweck »Alraunen«, Wurzeln in kleiner, menschenähnlicher Gestalt, die man unter ehemaligen Standorten von Galgen ausgraben kann, wo sie aus dem, was von einem Gehängten herabtropfte, herauswachsen und deshalb auch »Galgenmännchen« heißen. Wer ihnen Geld unterschiebt, dem verdoppeln sie es über Nacht, doch nur, wenn es immer wieder eine neue, andere Münze ist. Auch dürfen Alraunen nicht überfordert werden, sonst gehen sie ein. Und weil die meisten Alraunenbesitzer nicht Maß halten können, sind wohl die meisten der Geldvermehrer bereits eingegangen. An Montagen muß man sie überhaupt ruhen lassen, wie man an diesem Tag generell keinen größeren Geldbetrag ausgeben oder gar verleihen soll, sonst ist es in dieser Woche mit dem Geldglück vorerst vorbei.

Solche Einstellung gegenüber Münzen ist geprägt von der Überzeugung, daß menschlicher Wille nichts oder nur wenig vermag. Das Schicksal verleiht ihnen ihre Macht, läßt sie um so wirksamer werden, je ungewöhnlicher man zu ihnen kam. So gehört in jeden Geldbeutel eine geschenkte Münze, der Glückspfennig, gelegt, der vor der Schwindsucht daselbst bewahren soll. Ähnliche Kraft steckt auch in erbetteltem Geld, sagt man. Gefundenes, gar solches, das auf Holz lag, soll man nie ausgeben, ein durchlöchertes Geldstück sogar zu Hause in den Kasten nageln und Glücksspiele nur mit geliehenem, besser noch mit gestohlenem Geld machen. Ähnlich verhält es sich mit in Schaltjahren geprägten Münzen, auch ihnen traut man zu, Reichtum anzuziehen!

Solcher Aberglaube rund ums Geld ist uralt. Vor allem zu Zeiten, wo man sich überirdischen Mächten noch mehr als heute ausgeliefert vorkam, versuchte man diese bei jeder Gelegenheit mit Geschenken gnädig zu stimmen oder zu versöhnen. Wir lächeln heute über Quellopfer, daß das Wasser nicht versiege, werfen aber munter unsere Geldstücke in schöne Brunnen, hoffend, von ihrer Kraft wieder angezogen zu werden und zurückzukehren. Auch mauern wir in den Grundstein neuer Häuser um des Glückes willen neben Urkunden und Tageszeitungen stets blankgeputzte Münzen ein – Gabe an die Hausgeister!

Münzen mußten früher auch oft für die Gesundheit – das allerhöchste Glück – herhalten: Der Analogiezauber heilte Gelbsucht natürlich mit einem Goldstück, das man vier Stunden lang in ein Glas Wasser legte und dieses danach in einem Zug austrank. Gegen Kopfweh band man sich kühlende Geldstücke an die Stirn, deren bloße Anwesenheit allein oft schon beruhigend wirkte. Ganz Mutige schabten bei Leibschmerz sogar Metallspäne ab oder verschluckten ganze Pfennige. Flechten, rote Hautflecken, Warzen, ein Gerstenkorn im Auge, alle rieb man mit einem Goldstück und glaubte, damit das Gebrechen auf das Geld zu übertragen.

Je mehr allerdings bei uns in Bayern die natürlichen Kräfte des Geldes zunahmen, desto weniger hielt man an solchen wundersamen, übernatürlichen fest. Der Kirche war solch heidnischer Aberglaube schon immer ein Dorn im Auge gewesen, und so hatte sie von Anfang an versucht, ihn wenigstens in ein christliches Gewand zu kleiden. Davon zeugt eine große Zahl verschiedenster Weihemünzen, sogenannter »Medaillen«, die, mit Namen und Bild eines Heiligen versehen, auch durch entsprechende Gebete zu besonderem »Weich« kamen, der ihnen weit über die Vermehrung schnöden Mammons hinaus zu besonderen Fähigkeiten verhelfen sollte: Um alles Böse, insbesondere Krankheiten, fernzuhalten, trug man sie um den Hals, in der Tasche, am Rosenkranz, man nähte sie den Wehrpflichtigen in den Rock, nagelte sie dem Vieh an den Glockenriemen oder an die Stalltür, legte sie in Brunnenwasser, vergrub sie in den Ackerfurchen... Nahezu alle berühmten Wallfahrtsorte ließen eigene Gnadenpfennige schlagen. Die von Altötting, Maria Hilf bei Passau oder Mariazell in der Steiermark gingen um die Welt als beliebte Mitbringsel. Heiligenfiguren, Wachsvotive verschwanden schier unter der Fülle solcher »G'weichterl«, mit denen man sie behängte, um seiner Bitte Nachdruck zu verleihen.

Entdeckt man heute einen »Benediktuspfennig« in Silber oder gar in Gold, mit dem Bildnis des heiligen Benedikt auf der Vorder- und einem Kreuz auf der Rückseite, wie sie zu Tausenden im niederbayerischen Kloster Metten geschlagen wurden, dann hat man ein richtiges Universalmittel vor sich: Es bewahrt nicht nur vor Pest und Steinleiden, es schützt auch vor Feuer, Blitz- und Hagelschlag und wehrt Zaubereien, vor allem üble Nachrede, ab – allerdings nur von dem, der fest daran glaubt. Und der Antiquitätenhandel läßt ihn sich außerdem teuer bezahlen, ähnlich wie den berühmten »Mansfelder«, einen Schutztaler, den sich der Graf von Mansfeld, Heerführer im Dreißigjährigen Krieg, mit dem Bildnis Sankt Georgs vorne und einem Schiff hinten schlagen ließ, um hieb-, stich-, kugel- und wasserfest zu sein. An der Uhrkette geldiger Bauern, gefährlich lebender Flößer und Schiffsleute sowie bedeutender Wildschützen war er unverzichtbar. Er wurde alljährlich beim Traunsteiner Georgiritt am Ostermontag geweiht.

Von der Wiege bis zur Bahre

Geldstücke begleiten unseren gesamten Lebenslauf. In Bayern tun sie es in überaus vielfältiger Bedeutung, die oft nicht so leicht zu durchschauen ist. Das beginnt schon damit, daß man kleinen Kindern, wenn sie sich ein Geschwisterl wünschen, rät, dafür Geld zusammenzusparen und auf das Fensterbrett zu legen. Ist der neue Erdenbürger dann angekommen, legt man ihm ins erste Badewasser einen »Badkreuzer«, der ihn fromm, sparsam und reich zugleich machen soll, was aber nur eintritt, wenn das Geldstück hernach der Hebamme, früher sagte man auch dem Bettelmann, geschenkt wird.

Vor der Taufe darf ein Kind keine weiteren Münzen zu sehen bekommen, es würde sonst habgierig, heißt es. Wohl aber soll ein Silberstück unter seinem Kopfkissen verhüten, daß es gestohlen oder gegen einen Wechselbalg vertauscht werde, wovor man früher größte Angst hatte.

Bei der Taufe ist das nächste Geldstück fällig: Seit Jahrhunderten ist das Patengeschenk eine besonders schöne, rare, oft auch alte Silbermünze. Weil sie in einem Säckchen oder Taufbrief versteckt überreicht wurde, erhielt sie den Namen »Eingebinde«. Jeder solche »Tauftaler« soll dem Kind Glück bringen und dafür sorgen, daß es ihm nie an Geld mangle. Er muß sauber geputzt sein, daß aus dem Täufling kein Ferkelchen werde, darf nicht ausgeliehen sein, sonst würde er den Hang zum Schuldenmachen mit sich bringen. Er darf nicht aus Kupfer sein, das Kind brächte es im Leben zu nichts, und es darf kein Papiergeld verwendet werden, der Beschenkte würde sonst ein Leichtfuß im Geldausgeben. Wohl aber soll der Pate zum Tauftaler ein paar kleine Münzen, das sogenannte »Plappergeld«, dazulegen, damit der Täufling bald sprechen lernt und später einmal auch das Kleingeld nicht geringschätzt. Dieses Patengeld erhielt es von seinen Eltern früher erst bei der Hochzeit ausgehändigt, hielt es danach stets in Ehren und gab es nur bei äußerster Not aus.

Am ersten Geburtstag legt eine Mutter dem Kind verschiedene Gegenstände vor und läßt es auswählen: ein Geldstück, ein Stück Brot, ein Gebetbuch, einen Rosenkranz, ein Schnapsglas. Greift es zum Brot, zeichnet sich Vorliebe für gutes Essen ab, beim Gebetbuch lernt es leicht, beim Rosenkranz wird es fromm, beim Schnapsglas ein Säufer und beim Geldstück wird es – nein, nicht reich, sondern geizig!

Bevor früher bei der Ehe die Ringe getauscht wurden, machte sich das Paar bei der Verlobung gegenseitig, je nach Vermöglichkeit, ein Geldgeschenk. Neben Goldstücken verwendete man vor allem Silbermedaillen, die anläßlich fürstlicher Vermählungen eigens geprägt wurden. Der Bräutigam trug sie später gern an der Uhrkette; die Braut verwahrte das sogenannte »Haftlgeld« wie ein Heiligtum im Aussteuerschrank neben Rosenkranz und Gebetbuch. Es war ihr persönliches Eigentum, das sie auch behalten durfte, falls es nicht zur Heirat kam. Solche Handgelder wurden oft in Familien über Generationen weitervererbt und als Bewahrer des häuslichen Glücks angesehen.

Um Geldstücke bei der Hochzeit ranken sich eine Reihe weiterer Bräuche: So werden immer noch die Pfennige für die Brautschuhe zusammengebettelt, weil das Glück im Ehestand bringt, der Hochzeitszug wird mit Fallstricken zum Münzwerfen gezwungen – Überreste der früheren Opfer an die Erdgeister, um diese gnädig zu stimmen. Der Braut muß es in den Kranz regnen, das bedeutet Geld… Den Regen kann die Gießkanne ersetzen!

Von der Wiege bis zur Bahre schließt sich der Kreis: Die Speisen, der Schmuck, die Waffen – Grabbeigaben in heidnischer Zeit – wurden abgelöst durch die Münze. Sie gehört dem Toten in den Sarg gelegt als Zehrpfennig, als Brücken- oder Wegegeld für die große Überfahrt. Ursprünglich der Obolus an den Fährmann der Unterwelt, wird sie in Bayern heute noch als der für Sankt Petrus angeschaut, auf daß er das Himmelstor aufschließe. Tatsächlich ließ man im 15. Jahrhundert spezielle Totenmünzen, das sogenannte »Tributum Petri«, prägen. Gelegentlich werden noch heute Markstücke in wächserne Votivschlüssel gedrückt und dem Toten unter die Hände gelegt. Mancherorts übergibt man die Münzen den Leichenträgern als Trinkgeld, das diese nicht zurückweisen dürfen. Der Tote bekäme sonst keine Ruhe, glaubt man, und müsse umgehen. In der Annahme, die arme Seele eines Verstorbenen nehme vorübergehend unter der Türschwelle ihren Wohnsitz, versteckte man früher auch hier einige Geldstücke. Daran erinnert noch der Brauch, den Sarg beim Verlassen des Hauses dort dreimal abzusetzen und jeweils ein Vaterunser zu beten. Totenmünzen verstehen sich auch über das Wegegeld hinaus als symbolische Ablösung des Besitzes durch den Nachfolger, den Erben.

»Geld düngt die Liebe«

Nach so vielen Ausführungen, wie es der Bayer hält mit seinem Geld, bleibt jetzt die Frage, wie er sich denn stellt zu seinem Geld!

Da fallen einem Trachten ein, wo die Silberknöpfe an den Männerjoppen und -westen blitzen, oft gar schuppenartig übereinandergelegt, daß recht viele hinpassen. Da hängen die Taler, an Uhrketten und Charivari befestigt; die Weiberleute stehen auch nicht nach und klingeln richtig daher mit den Silberstücken am Miedergeschnür. Der Nacken kann oft nur mit Mühe aufrecht gehalten werden unter der Last bayerischer Schützenmeisterketten, manchem Bürgermeister schwillt die Brust unter der Amtskette. Man erinnert sich auch einschlägiger Wahlsprüche wie: »Wer nix derheirat und nix derirbt, der bleibt a Narr, bis daß er stirbt…«

Und gibt es da nicht auch eine Schilderung von Ludwig Thoma, nämlich die vom Jungbauern, der heiraten möchte und dem der Schmuser – dessen Name vom »Schmu«, einem unrechtmäßig auf die Seite gebrachten Geld, kommt – zwei Partien vorschlägt: Er stimmt der geldigeren von beiden zu, ohne daß er die dazugehörigen Weibsleute überhaupt kennt! »Bargeld lacht«, sagt er einfach. Nicht viel anders klingt es in Thomas »Brautschau«, wo gleich mehrere Bauern zusammentreffen und sich eine anpreist mit: »Vatergut han i 8000 Mark und von der Mutter han i no 6000 g'irbt, macht mitananda…«

Bis zu den Hypotheken herunter weiß sie alles auswendig. »Das Geld düngt die Liebe«, heißt es, scheint's nicht umsonst, oder »Beim Geld war scho allaweil gut wohnen!«

Stimmt das wirklich? Sind die Bayern – sind wir Bayern wirklich so?

»Bayern, das ist ein Land mit einer hellen Sonne, ein Land voll Phantasie, das niemals fragt, was morgen wird und gestern war, weil es immer noch an Wunder glaubt…«, schreibt der unvergessene Reinhard Raffalt in seinem Theaterstück »Das Gold von Bayern«.

»Wir lieben das Gold, aber nicht nur, weil es reich macht, sondern weil es glänzt… Denn wir sind Schauspieler und keine Rechner.« Mit dieser Erkenntnis versucht er zu erklären, warum vor 120 Jahren tatsächlich eine Weibsperson in München mit der Leichtgläubigkeit und der Gewinnsucht nicht nur der Stadtleute, sondern des an sich besonneneren Landvolks ihre unsauberen Geschäfte machte. »Lockungen einer modernen Sirene mit den Perspektiven eines Schlaraffentums. Und das Volk mit seinem gesunden Kern und dem Zug zur Ehrlichkeit stürzte in die hingehaltenen Netze.« Adele Spitzeder lebte jahrelang davon, daß sie Kredite aufnahm und die Tilgung und die attraktiven hohen Zinsen mit neuen Krediten finanzierte... Der Schwindel mit der sogenannten »Dachauer Volksbank« flog auf, das Geldmensch bekam drei Jahre Zuchthaus und die gutgläubigen Einleger – nichts.

»Der Bayer ist nicht konsequent in seinem Denken und Handeln«, urteilt Karl Bosl. Und auch nach Benno Hubensteiner »charakterisieren Gegensätze den Bajuwaren, machen seine innere Spannung aus, lösen sich in seinem großzügigen Temperament. Das eine Mal ist er selbstlos freigebig, dann schlägt wieder der Sinn für das Praktische und den eigenen Vorteil voll durch!«

Die Einstellung des Bayern zum Geld ist eine ganz natürliche: Er zeigt gern her, was er hat, aber er sitzt nicht darauf, zumindest nicht mehr als andere. Und anbeten tut er das Geld schon gleich gar nicht! Mißtrauisch ist er gegen alles Abstrakte, weshalb ihm bargeldloser Verkehr oder ein Kontoauszug sehr suspekt sind und er gelegentlich schon zur Bank geht und es sich zeigen läßt, sein Geld, ob es auch wirklich noch da ist – wenn ihm nicht überhaupt als Aufbewahrungsort besagter Strumpf, die Matratze oder das Zigarrenschachterl doch lieber sind.

»Unter der Woche lebt der Bayer mäßig«, schreibt Josef Schlicht in seinem Buch *Bayernland und Bayernvolk*,

»aber zu den Hochfesten, herausragenden Ereignissen, wie Hochzeit, Kirchweih, Fahnenweih, Jahrmarkt, da läßt er sich nicht lumpen, da reut ihn kein Geld, da fließt das Bier in Strömen, die sechserlei Fleischsorten bringen die Tischplatte zum Biegen, da müssen die Musikanten aufspielen, ja kriegen die Instrumente mit Geld gefüllt!«.

Ausgeben mag er sein Geld also, der Bayer, aber hergeben mag er es gar nicht gern – zahlen müssen für etwas, das man nicht sehen kann. Früher, wenn an Lichtmeß im Februar der Dienstbotenlohn für das ganze Jahr fällig war, da ist dem Bauern der Geldbeutel nur schwer aufgegangen. Und auch beim sogenannten »Drogeld«, dem Handgeld, das die Ehhalten, Knechte, Mägde, vor dem Dienstantritt bereits bekamen, hat er sich fast den Daumen gebrochen. Den Bader, den Viehdoktor hat er eh lieber in Naturalien abgegolten. Im Klingelbeutel findet der Mesner nach der Messe noch heute gelegentlich Hosenknöpfe. Und am wehesten tun dem Bayern – daran wird sich nichts ändern – die Steuern! Ein gut 150 Jahre alter Vierzeiler belegt immer noch treffend, wie es der Bayer hält mit seinem Geld, dem teuren Diridari:

A bißl sickerisch,
a bißl sackerisch,
a bißl hochgstochen muaß ma toa,
boarische Taler muaß ma andre segn lassen,
aber gebn muaß ma eahna koa.

Der Wirtssepperl z'Garching

Ein bayerisches Original und seine Zeit

Jetzt woll ma oans singa,
a Liadl, a neu's,
aber vom Wirtssepperl z'Garching
und von seiner Schneid...

Daß in Bayern einer wegen seines besonderen Lebenswandels im Volkslied verewigt wird, ist nichts Außergewöhnliches: Man denke an den Kneißl Hias, den Wildschützen Jennerwein oder den Boarischen Hiasl. Daß allerdings von einem, der vor 200 Jahren zur Welt kam, sich nicht viel mehr hielt als nur eben sein Lied, von selbigem jedoch an die 120 Strophen existieren, die ihn unvergessen sein lassen, das klingt schier unglaublich!

Es hat da und dort in Altbayern immer wieder Originale gegeben, die es zu Berühmtheit brachten und von denen der Volksmund alles Mögliche und Unmögliche erzählt. Doch waren die meisten schnell vergessen, sobald neue auftauchten. Es mußte einer schon Besonderes geleistet haben, wenn das Andenken bestehenblieb. So auch bei unserem Helden, über den 1945 sogar noch eine deutschsprachige Zeitung in Alabama berichtete: Bayerische

Soldaten konnten sich in amerikanischer Kriegsgefangenschaft davon überzeugen. Daß sich der dortige Verfasser durch das ewig junge Lied anregen ließ, welches er während des Zweiten Weltkriegs hier in Bayern gehört hatte, ist anzunehmen. Er wäre nicht der einzige Forscher!

Joseph Wasserburger alias »Wirtssepperl«

Zum wahren Spezialisten in Sachen »Wirtssepperl« entwickelte sich der Garchinger Volksschullehrer und Heimatpfleger Josef Dirscherl, gleichfalls infiziert durch dieses G'sangl, das er von niederbayerischen Bauernburschen während des Ersten Weltkriegs an der Vogesenfront hörte. Er erfragte in der Bevölkerung während der zwanziger und dreißiger Jahre noch alle Geschichten und Anekdoten, die in Umlauf waren. Außer mündlicher Erinnerung jedoch konnte auch er nichts mehr auftreiben.

Als schriftlicher Existenznachweis des Wirtssepperls kann eigentlich nur der Eintrag ins Geburts- und Sterberegister angesehen werden. Joseph Wasserburger, genannt der »Wirtssepperl«, kam demnach am 15. November 1788 in Garching an der Alz als erstgeborener Sohn des gleichnamigen Wirts und Metzgers zur Welt.

Sein Heimatort, 13 Kilometer südlich von Altötting an der Bahnstrecke Mühldorf – Salzburg gelegen, war damals ein Straßendorf mit 13 Bauernhöfen, einer Kirche und einem Wirtshaus, in dem bevorzugt die Chiemgauer Wallfahrer auf dem Weg von Trostberg nach Altötting, ebenso die Rottaler Roßzüchter, eingekehrt sein dürften.

Die Sippe der Wasserburger übte seit Generationen den Beruf des Metzgers aus. Der Vater des Wirtssepperls stammte aus Velden an der Vils. Er war als drittältester Sohn ausbezahlt worden und hatte das Wirtshaus in Garching gekauft. Die Tatsache, daß er die Bierbrauerstochter Constanzia Barth ehelichte, spricht für sein Ansehen und guten Leumund; daß er die völlig heruntergekommene Wirtschaft in die Höhe brachte, für seinen Fleiß und Geschäftssinn. Zwar handelte es sich bei den ortsansässigen Bauern lediglich um Kleinhäusler, aber eine in zwei Kilometer Entfernung einquartierte Garnison sowie durchreisende Gäste sicherten die Existenz.

Vom Wirtshaus, in dem der junge Wasserburger unter fünf Geschwistern aufwuchs, erhielt er seinen Namen. Daß auch aus ihm ein Metzger werden sollte, lag auf der Hand. Dazu mußte er eine Schule besuchen, aber um das Schulwesen war es zu seiner Zeit nicht gut bestellt. Kurfürst Max III. Joseph war dennoch die Ausbildung der Jugend ein großes Anliegen gewesen. Er hatte bestimmt, daß zumindest alle Kinder, die nicht zu weit von einem Schulhause – meist nur einige finstere Kammern – wohnten, dort wenigstens während der Wintermonate an allen Wochentagen, in der übrigen Zeit am Sonntag für eine Stunde nach der Messe zum Unterricht kamen.

Garching verfügte damals über kein eigenes Schulhaus. Lediglich beim Pfarrer gab es am Sonntagnachmittag in der Kirche »Unterweisungen im Katechismus«. Nachdem aber in der Nachbargemeinde Wald an der Alz ein Lehrer die Kinder aus der Umgebung in ein ordentliches Schulgebäude zusammenholte, darf man annehmen, daß der Sepperl Tag für Tag dorthin trippelte. Selbst wenn die richtige Schulpflicht erst 1802 eingeführt wurde, als er bereits 14 Jahre alt und ihr damit schon entwachsen gewesen wäre, darf man annehmen, daß es dem Vater ein Anliegen war, dem Buben Lesen und Schreiben beibringen zu lassen. Denn im kurfürstlichen Erlaß an alle Handwerksmeister stand geschrieben, ohne diese Voraussetzung könne keiner eine Lehre antreten.

Der junge Joseph Wasserburger verbrachte seine drei Lehrjahre im väterlichen Betrieb und lernte die Fleischhackerei. Er hängte wohl, wie es damals Vorschrift war, zwei Gesellenwanderjahre im rotbraunen Rock und weißen Schurz daran, weil die meisten Gemeinden ein wachsames Auge darauf hatten, daß alle angehenden Bürger, eingeborene und fremde, wohlhabende und arme, ihre Wanderpflicht erfüllten.

Doch danach kehrten die Söhne ihre Schritte alsbald gerne wieder der Heimat zu, wenn ihnen dort ein behaglicheres Leben zu erwarten stand als mit dem Bündel auf der Landstraße und bei der Arbeit in der Fremde.

Eine Ansässigmachung hing von allerlei Umständen ab. Nach älterem Gebrauch übergab der Vater sein Gewerbe an den Sohn, wenn dieser von der Fremde zurückgekehrt war, er mit ihm noch eine Weile gemeinschaftlich gearbeitet und dieser schließlich eine passende Heirat gefunden hatte. Doch für den jungen Wasserburger scheint weder das eine noch das andere in Betracht gekommen zu sein.

Die Fleischhauerei wäre ihm schon recht gewesen, ging ihm dabei ja auch der Bruder Georg zur Hand, während der Vater sich mehr um Handelschaft, Ein- und Verkauf kümmerte. Es dürften die »äußeren Umstände« gewesen sein, deretwegen der Wirtssepperl den vorgezeichneten Weg nicht gehen wollte: Im Alter von 9 Jahren hatte er plötzlich die Mutter verloren, das jüngste Geschwisterl lag noch in der Wiege. Der Vater konnte sich nur durch die rasche Heirat mit der Anna Paulhuberin helfen, die aus einer Wirtschaft stammte und mit allen einschlägigen Arbeiten vertraut war. Neue Kinder kamen, zu den sechs aus der ersten weitere acht aus der zweiten Ehe, kaum daß der Sepperl selber den Kinderschuhen entwachsen war. Hätte der Vater da an eine Übergabe denken sollen? Und als ältester auf Jahre hinaus hinter dem Vater zurückzustehen, das war seine Sache nicht!

Auf eine eigene Metzgerlizenz brauchte sich der junge Wasserburger keine Hoffnung zu machen. Die Zunft vergab nur selten neue Gerechtigkeiten, weil damit auch das Recht auf Viehhandel verknüpft war. Ein Zwischenhandel existierte nicht.

Aber da war auch noch die väterliche Wirtschaft, die nicht bloß Zapfrecht, sondern echte Taferngerechtigkeit besaß, verbunden mit Abgabe von Speisen, Übernachtung und Tanzerlaubnis. Daselbst Wirt zu sein, wäre dem Sepperl schon entgegengekommen. Die Voraussetzungen hätte er mit seiner Vorbildung alle erfüllt. Zudem wurden Wirtshäuser nicht so spät übergeben wie Bauernhäuser, und dem Wirtsstolz zufolge war es von jeher das Bestreben der ansässigen Familien, sich auf ihrem Gut zu halten und Besitz und Ehre von Glied auf Glied zu vererben. Deshalb fand man eine große Zahl bayerischer Wirtshäuser, auf denen seit Jahrhunderten ein und dasselbe Geschlecht seßhaft war. Doch den jungen Wasserburger hielt es dennoch nicht in Garching!

Lag es vielleicht an der Wirtschaft und ihrem Umsatz? Nach Auskunft Johann Pezzls, des zeitgenössischen Schilderers und »Reisenden im bairischen Kreis«, war damals immerhin jedes zehnte Haus ein Wirtshaus, und selten traf er eines leer an! Gerade die Nähe von Wallfahrtsorten –

wie bei Garching – hätte, Pezzls Erfahrung nach, die beste Ressource für Bierbrauer, Bäcker und Fleischhauer dargestellt.

Wirtshäuser waren Durchgangsstationen, wo viele Leute zukehrten, die es bereits weit herumgetrieben hatte. Sie erzählten vom Wasser, den Schiffen, wie leicht es wäre, nach Passau, nach Wien, ja bis ins Ungarland zu kommen... Einen jungen Burschen mit unruhigem Blut lassen sie nicht mehr los, zumal, wenn ihm die Umgebung eng wird.

Der Wirtssepperl – ein Deserteur

Es gab da einen weiteren Grund für den Wirtssepperl, der Heimat für einige Zeit den Rücken zu kehren: die drohende Rekrutierung! Die zweite Hälfte des 18. Jahrhunderts, in die er hineingeboren wurde, war ja eine friedliche gewesen, jedenfalls im Vergleich zu den Jahrzehnten zuvor. Der Krieg war nur vom Hörensagen bekannt. Ab 1800 allerdings kam die Wende: Am 3. Dezember werden die Bayern, mit Österreich verbündet, im eigenen Land von den Franzosen vernichtend geschlagen. 5 Jahre später kämpfen bayerische Truppen an der Seite Frankreichs auf heimatlichem Boden gegen Österreich, in den Jahren darauf gegen Preußen. Auch 1809 tobt der Krieg im eigenen Land, bis die Österreicher zurückgeschlagen werden. Obwohl der bayerische Kurfürst Napoleon mißtraute, war das Bündnis unvermeidlich gewesen, wollte Bayern seine staatliche und dynastische Selbsterhaltung durchsetzen. Die reorganisierte bayerische Armee zählte 25 000 Mann zu Fuß und 3 600 zu Pferd. Es handelte sich um ein Volksheer, nicht etwa um Söldner. Doch war die allgemeine Wehrpflicht durch zahlreiche Befreiungen, vor allem zum Schutz der Wirtschaft, so sehr durchlöchert, daß nur die kleinen Leute ihre Söhne stellten. Alle übrigen machten eifrig von der Möglichkeit Gebrauch, sich durch erhöhte Zahlungen beim Wehrdienst vertreten zu lassen.

Die Einstellung gegenüber dem Militär richtete sich im damaligen Bayern danach, inwieweit einen das Schicksal selber betraf. Die Soldaten waren allgemein respektiert, erfüllten die meisten doch tapfer ihre Pflicht. Die schneidige Uniform lockte nur wenige an, eher schon die Aussicht auf freien Unterhalt sowie Gemeinschaft mit Gleichgesinnten. Der Ministerialbeamte Joseph von Hazzi kommt in seinen »Aufschlüssen über das Herzogtum Baiern« zu dem Urteil: »Die verheirateten Bewohner sind durchwegs häuslich, die ledigen ein wenig locker. Selbige Burschen fürchten den Soldatenstand im höchsten Grade, und die Eltern sind bei einer Aushebung äußerst traurig um ihre Söhne, als wenn dieselben zum Tod verurteilt würden!« Nach den Erfahrungen Johann Pezzls, gesammelt auf seiner Reise durch den bairischen Kreis anno 1784, ist bei den Burschen auch ein phlegmatisches Temperament zu beobachten, weswegen sie sich in keinen Militärdienst fügen wollen.

Der Wirtssepperl war an das Auftreten von Soldaten von Kind an gewöhnt, befand sich doch in der Nachbarschaft, auf Schloß Wald an der Alz, eine Garnison. Als Zwölfjähriger hatte er Franzosen beim Überschreiten der Mühldorfer Innbrücke und als Einundzwanzigjähriger Napoleon selber auf dem Marsch nach Burghausen gesehen, gefolgt von endlosen Kolonnen, die in den Wirtshäusern einquartiert wurden.

Nichts schien vor ihnen sicher: Den Bauern stahlen sie das Vieh aus den Ställen, wollten nichts als saufen, nie bezahlen, reagierten auf jede Drohung nur mit Gelächter...

Ganz Bayern schmeckte die Zugehörigkeit zu Napoleon nicht mehr. Kommissionen durchstreiften das Land, um neue Soldaten auszuheben. Konskriptionslisten wurden ausgelegt, aber es fanden sich immer Einsteher für einen, den das Los des Heeresdienstes getroffen hatte, der sich aber lieber freikaufen wollte. Es kam auch wiederholt vor, daß Burschen zur Musterung nicht erschienen und auf der Liste als abgängig festgestellt werden mußten. Zu diesen zählte auch der Wirtssepperl z'Garching. Wie er es anstellte, läßt sich heute nicht mehr rekonstruieren. Josef Dirscherl schreibt in seinem Roman die Schuld dem Vater zu, der nicht rechtzeitig einen Einsteher herbrachte.

Zusammen mit dem Ortsvorsteher und einigen Leidensgenossen soll der Sepperl auf einem Leiterwagen zur Musterung nach Mühldorf gefahren, dort von Landrichter und Militärarzt für tauglich befunden und auf 3 Jahre zu den königlich-bayerischen Kürassieren abgestellt worden, aber niemals eingerückt sein:

Vom Wirtssepperl z'Garching
habts öfters scho ghört,
is am Kini von Boarn
dreimal desertert!

Und d' Steckbriaf san ganga,
landauf und lando,
wia i auf Kraiburg bin kemma,
san d' Steckbriaf scho do!

Auf Kraiburg bin i eigfahrn,
hab ma kaaft a Maß Bier,
wia i austrinka hab wolln,
stehn d' Gendarm vor der Tür.

Na wolltens' mi bandeln,
wollten mi außitoa an Wagn,
aba daweil hab i s' glei gschmissen,
daß eah d' Tschako san gflogn!

Wann er erwischt wurde und wieder entwischte, auch darüber existieren keine genauen Aufzeichnungen. Wiedergeben läßt sich allerdings, welchem Schicksal er durch sein Desertieren entging:

Eine unerhörte Armee von über einer halben Million Soldaten wälzte sich, zusammengewürfelt aus Franzosen, Italienern, Holländern, Portugiesen und Deutschen, auf die russische Grenze zu. Das bayerische Hilfscorps brach am 9. und 10. März 1812 auf, um sich der Großen Armee anzuschließen. Daß die gut ausgebildeten 28 000 Mann zu Fuß und die 5 200 Reiter Mann für Mann den Blutzoll zu zahlen hatten, ahnte niemand. Vorerst fanden sie nur zerstörte Häuser, verwüstete Landstriche, Tausende von Pferde- und Menschenleichen. Fehlende Verpflegung und Krankheiten ließen die Truppen bald verelenden, aber die Russen vermieden die von Napoleon so ersehnte offene Schlacht.

Im September 1812 einige Kämpfe vor Moskau... Wer darin umkam, ahnte nicht, daß ihm so das Schlimmste erspart blieb: der Rückmarsch, der vollends in der Katastrophe enden sollte. Der Zar, zu keinen Friedensverhandlungen bereit, zählte auf den russischen Winter, der die

Große Armee zermürben sollte – und er behielt recht. Am 12. Dezember bestand die erste bayerische Division noch aus 60, die zweite aus 150 Mann, eine zerlumpte Schar, die, dauernd gestellt von ihren Verfolgern, zurückkehrte, ein Schatten von jenen kräftigen Burschen, die ein dreiviertel Jahr zuvor die Heimat verlassen hatten.

Dem allem entzog sich Joseph Wasserburger aus Garching, beteiligte sich auch nicht an der Auffüllung der Divisionen, welche die bayerische Freiheit wieder zurückgewinnen sollten.

Jetzt wurde zwar alles besser in Bayern, nur die Aussichten für den Wirtssepperl, ungeschoren davonzukommen, wurden immer schlechter. Denn da reformierte einer an der Staatsspitze die bis dahin geltende unkontrollierbare Selbstverwaltung der Stände und Städte und bereitete dem Schlendrian ein Ende:

Und da Kini vo Boarn hat
an Steckbriaf ausgebn,
zweng am Wirtssepperl z'Garching
und seim lustinga Leb'n.

Aber mi hat's halt dürst,
wia i einkehr um a Bier,
und wia i mi umschaug,
stehn d' Gendarm in da Tür.

Na hams' mi halt bandelt,
ham mi auffi aufn Wagn
und ham mi recht spöttisch
auf Mühldorf einigfahrn.

Und da Landrichter z' Mühldorf
schaugt mi kloavodraht o,
du bist da Wirtssepperl,
na bist da recht scho.

Und da Landrichter z' Mühldorf
hat ma 's Urteil gsprocha,
auf drei Jahr und sechs Monat
geht's dahi auf d' Wocha...

Ob er die tatsächlich abgesessen hat, der Wirtssepperl, darüber gibt es keine schriftlichen Unterlagen. Aus den Strophen seines Liedes geht ja nicht einmal klar hervor, ob er tatsächlich wegen des Nichteinrückens bestraft wurde, zumal die Zahl der Deserteure ja damals nicht unerheblich gewesen sein dürfte. Auch hätte man die doch wohl besser in die Kaserne statt ins Gefängnis gesteckt.

Auf die Idee, Joseph Wasserburger wäre anderweitig straffällig geworden, kommt man bei einer anderen Strophe:

Und d' Landrichterin z' Mühldorf
schaut mi kreuzverliabt o.
»Aba des is ja da Wirtssepperl,
den hängts ma net so lang o!«

Ein mögliches Techtelmechtel mit der Frau Landrichterin? Doch es gibt weitere aufschlußreiche Strophen:

Da Landrichter z' Mühldorf
hat ma 's Urteil gsprocha,
wann i 's Dirndl net laß,
geht's dahi auf d'Wocha!

Und ’s Dirndl is net da,
is in Ötting drunten,
hat ma ’s Meßbüchal gschickt,
is in Gold einbunden!

Es muß da eine Verbindung zwischen dem Wirtssepperl z’Garching und der Tochter des ortsansässigen Müllers gegeben haben. Ob der Vater ihn suchen und einsperren ließ, weil eine Liebschaft mit einem Deserteur als Schande galt? Belege gibt es auch dafür keine.

Nach Josef Dirscherls Dichtung soll sich sein Held vor der Festnahme auf weiten Reisen zu Wasser und zu Lande, mit Wallfahrern, Schiffsleuten und allerhand lockerem Gesindel befunden haben. Fuhrleuten muß er mehrfach Grüße an die Seinigen daheim aufgetragen haben, wenn die Erdäpfel zeitig seien, wolle er sich daheim wieder sehen lassen!

In Pfarrkirchen hätte er Bauern beim Dreschen geholfen und sich vor den Gendarmen gerade noch über den Inn auf die österreichische Seite retten können, erzählt man. Ob er drüben wirklich bis in die grüne Steiermark, ins Mühlviertel oder nach Kärnten kam, wie behauptet wurde, läßt sich nicht belegen. Fest steht lediglich, daß er sich 1813, als sein Vater einem Schlaganfall erlag, unauffindbar in der Fremde herumtrieb, was die Garchinger mit Kopfschütteln quittierten.

Der beste »Zidanschlaga« in der Runde

Um das Leben eines gewöhnlichen Burschen mit unbändiger Wanderlust hätte der Volksmund aber ganz sicher keine 120 Strophen gedichtet. Es machten ihn schon zu Lebzeiten nicht nur Anekdoten und Streiche berühmt, sondern eine Fähigkeit, die er wohl zu meisterhafter Fertigkeit vervollkommnete. Eine Fähigkeit, um deretwillen ihn die einen beneideten, die anderen ins Herz schlossen: sein Zitherspiel!

»Die Macht der Zither auf das bajuwarische Landvolk offenbarte sich so recht an einem Wirtssohne von Garching...«, gibt Johannes Fressl in seinem bekannten Artikel über »die Musik des bairischen Landvolkes« wieder, der 1888 im 45. Band des »Oberbayerischen Archivs« erschien. »Eines Tages hatte er sie verspürt. Hören und selber spielen wollen war bei ihm eins, und diesen seinen Wunsch führte er so lange mit Beharrlichkeit durch, bis er der beste ›Zidanschlaga‹ in der ganzen Runde war. Nun erwachte in ihm noch die alte germanische Sanges- und Wanderlust, und um den Sepperl war es geschehen. Er kannte von nun an kein höheres Ziel mehr als Zidanschlagen und Reisen. Er lehnte sogar die Übernahme seines väterlichen Anwesens ab, da er ein Leben für verloren hielt, welches nicht seiner Kunst geweiht war.« Nach dem Urteil Fressls war es zu seinen Lebzeiten eine Schande, den Wirtssepperl nicht gekannt zu haben, ihn und seine einmalige Begleiterin, die grüne Zither, mit der er wie ein alter Barde südlich und nördlich der Donau von Dorf zu Dorf, von Markt zu Markt gezogen sein soll. »Wo er weilte, kehrten Stunden der Lust und Freude bei den Bewohnern ein, der Sepperl riß alle hin durch sein Spiel und seinen Gesang!«

Den Zitherfreund mag noch interessieren, daß sein Instrument 4 Griffsaiten hatte, ohne Bünde für Halbtöne, die er durch Seitwärtsdrücken der Saiten hervorbrachte. Die

Begleitung, je 3 Saiten eng aneinander, gaben die Tonreihen f, c, g, d. Dazu kamen noch die Bässe. Wie untrennbar beide, der Sepperl und seine grüne Zither, miteinander verbunden waren, verewigen folgende Vierzeiler:

Und d' Burschen im Wirtshaus
ham Deandl bei eah,
grad wia da Wirtssepperl z'Garching
sei Zither, de grea!

Und da Wirtssepperl z'Garching
hat sei Zither verstimmt,
de ko koana mehr stimma,
bis da Wirtssepperl wieder kimmt!

So unwahrscheinlich es klingt, es hätte sie tatsächlich kaum einer zu dieser Zeit richtig stimmen können. Das Spielen auf der heute als so typisch bayerisch angesehenen Zither war damals, zumindest außerhalb der Gebirgstäler, nicht üblich, ja ganz ungewöhnlich! Zwar stellt sie eines der ältesten Instrumente dar: Bereits in vorchristlicher Zeit überspannten einfallsreiche Leute ausgehöhlte Holzstücke mit getrockneten Därmen und entlockten ihnen Töne durch Zupfen. Dem griechischen Mathematiker Pythagoras schreibt man die Erfindung des »Monochords«, der Ausgangsform der Zither, zu, eines einfachen Holzkastens, bespannt mit einer einzigen Saite, worauf sich die Tonhöhe durch Verschieben des Steges regulieren ließ. Das daraus entwickelte »Scheitholz« mit zahlreichen Saiten und eisernen Bünden brachten wohl Zuwanderer aus dem Osten in unsere Gebirgstäler, wo es von Sennen, Bauern und Holzknechten schon im 14. Jahrhundert zum Zeitvertreib nachgebaut und gespielt wurde. Doch der Weg bis zum echten Volksinstrument war noch weit.

In den frühesten Landes- und Volksbeschreibungen taucht der Name der Zither nicht auf. Johann Pezzl scheint ihr bei seiner »Reise durch den bairischen Kreis« zur Jugendzeit des Wirtssepperl nicht begegnet zu sein. Der Begriff »Zitherklang« kommt in der damaligen Literatur nur einmal vor: bei der Schilderung einer alpenländischen Heuernte, wo ein Werdenfelser Bauernknecht das seltene Instrument »traktierte«.

Auf welche Weise könnte der Wirtssepperl im Unterland zu einer leibhaftigen Zither gekommen sein? Josef Dirscherl tut sich leicht, läßt im Roman den Vater Wasserburger eine vom Michaelimarkt zu Mühldorf mitbringen, wo es um 1800 herum gewiß Pfeifen oder Maultrommeln, aber keine Zither zu kaufen gegeben haben dürfte. Wahrscheinlicher ist, daß ein reisender Musikant die seine im Garchinger Wirtshaus für Speis, Trank und Logis drangab. Von ihm hätte der Sepperl auch die entsprechenden Griffe abschauen können. Daß der Lehrer von Garching ihm die »kunstfertige Beherrschung« beibrachte, wie im Roman wiedergegeben, ist so gut wie ausgeschlossen.

Nur mit der Behauptung »Die Melodien strömten ihm zu« mag der Verfasser recht haben. Talent, eine Portion Eigensinn und Freude an einem seltsamen, nie vorher gehörten Instrument kamen bei Joseph Wasserburger zusammen, verstärkt von der plötzlich einsetzenden Bewunderung durch die Wirtshausgäste, die ihn umringten, eine Zugabe um die andere forderten und den Umsatz steigen ließen! »Ohne es zu beabsichtigen, hat dieser sagenumwobene Wirtssohn auf eine erstaunliche Weise zur Verbreitung der Zither und ihres Spiels unter der ländlichen Bevölkerung beigetragen«, urteilt Johannes Fressl ein halbes Jahrhundert danach, »denn viele wollten ihn und sein Spiel nachahmen, ja gaben sich sogar als Schüler und Abkömmlinge desselben aus«, wie der Verfasser zu seiner Erheiterung im Bayerischen Wald noch wahrnehmen konnte. Wenn ihn auch keiner aus dem Volke nur im entferntesten erreichte, beim Zitherspiel blieb es dennoch, und wie die Alten sungen, so zwitschern die Jungen...! Aus dem zuerst wohl nur ungläubig Bestaunten wurde so mit den Jahren der beliebte Wirtssepperl. Daß er es dabei auch noch zum berühmten brachte, verdankt er einem glücklichen Zufall. Da das Volk nun einmal etwas übrig hat für adelige Vorbilder, verhalf die plötzlich aufflammende Leidenschaft eines Wittelsbachers für das Zithernschlagen dem bis dato wenig geachteten Instrument zu unverhoffter Popularität: Der beim Volk um seiner Leutseligkeit willen ungemein beliebte Herzog Max in Bayern verlor sein Herz an die Zither. Er ließ sich das Spiel von einem Wiener Zithervirtuosen namens Petzmayer beibringen, spielte und komponierte rastlos, wurde zum Widmungsempfänger zahlloser Zitherkompositionen seiner musikalischen Zeitgenossen. Auch wenn Josef Dirscherl der faszinierenden Idee erliegt und im Roman seinen Wirtssepperl gemeinsam mit Herzog Max und Petzmayer Zither spielen läßt, so muß die Wahrscheinlichkeit, daß es wirklich dazu kam, als außerordentlich gering angesehen werden. Ohne sein Können anzweifeln zu wollen, sein Publikum war in unbekannten Wirtsstuben daheim und freute sich zusätzlich über eine weitere seiner Fähigkeiten genauso: Der Sepperl konnte aus dem Stegreif Vierzeiler dichten, er schüttelte die Gstanzl nur so aus dem Ärmel, sang sie auf eine leicht ins Ohr gehende Melodie und begleitete sich dabei selber auf der Zither. Ungeniert muß er da gegen die Obrigkeit, den Montgelas und die anderen hohen Herren seiner Zeit losgelegt haben; zweifelsohne hat er so den Grundstock für seinen unsterblichen Ruhm gelegt. Wo er auch zukehrte, überall eilte ihm die Mär voraus, alles hätte sich ob seiner respektlosen Vierzeiler »kropfat« gelacht.

In den Wirtshäusern muß damals allgemein viel gesungen worden sein, also lernte Joseph Wasserburger wohl ganz nebenbei eine Menge gängiger Lieder, zu deren Begleitung er immer wieder animiert wurde. Er lernte auch sicher Leute seines Schlages, Verslschmiede und Musikanten kennen, die ihm an Können teilweise noch über waren: den Joly beispielsweise, an den heute noch der beliebte Ausruf »Mein liaba Scholi!« erinnert, obwohl kaum einer um diesen hochbegabten Liedermacher und Gelegenheitsdichter weiß. Ferdinand Joly, geboren 1765 in Salzburg, blieb zeitlebens ein »ausg'jagter Student«, verachtete das Bürgertum, ließ sich von Leuten, die seine Begabung erkannten, aushalten. Er lebte ein eigenständiges, unstetes Leben, erlag 1823 unter freiem Himmel einem Schlagfluß, unweit von Tittmoning. Im Gegensatz zum Wirtssepperl wurde ihm jedoch das Glück zuteil, daß rechtzeitig angestellte Nachforschungen im vorigen Jahrhundert Berichte von lebenden Gewährsleuten festhielten, die ihn noch gekannt hatten und so Lebensbild und Persönlichkeit kennzeichneten. Ob sich die Wege des Joly und des Wirtssepperl kreuzten, ist unbekannt, doch vom Gäu her, in dem sich beide herumtrieben, wahrscheinlich.

D' Leut' tratzen, singen, zum Tanz aufspielen...

Auch über die letzten Lebensjahre des Joseph Wasserburger gibt es nur Vermutungen. Obwohl er jederzeit das Recht hatte, ins Wirtshaus nach Garching heimzukommen, soll er dort nicht zugekehrt sein. Mittlerweile war auch seine Stiefmutter verstorben und deren Mann als Wirt gar nichts anderes übriggeblieben, als der Kinder wegen rasch wieder zu heiraten. Die echten Geschwister des Wirtssepperl waren alle bereits außer Haus und in der Fremde verstreut. Zu wem hätte er heimkommen sollen? Es dürfte 1848 oder 1849 gewesen sein, als man ihn in der Gegend angetroffen haben will. Ein Furunkel hätte ihn an höchst unpassender Stelle geplagt, und ein Doktor Weisbrod wäre diesem mit dem Messer zu Leibe gerückt. Die Leute vermuteten als Ursache dafür 25 scharfe Hiebe auf das Gesäß, die ihm der Landrichter einmal in jungen Jahren verpassen ließ, was auch in einem Gstanzl seines Liedes verewigt ist:

Zweng am Singa, zweng am Pfeifa,
zweng am lustinga Lebn,
hams' mi auf Ebrach to
und mir 25 gebn...

Aber glaubhaft klingt das nicht: Prügelstrafen waren schon abgeschafft, als der Sepperl gerade 20 Jahre zählte. Eher hat er sich seinen Wehdam schon bei einer Wirtshausrauferei zugezogen.

Daß er des öfteren mit dem Landgericht zu tun hatte, erzählte man sich noch lange nach seinem Tod. Und daß er oft gerade noch ohne Strafe davongekommen war, auch. Er tratzte halt einmal nur zu gern seine Umgebung! Da reichten die Geschichten vom Schwarzfischen über das unerkannte Einschleichen in einen Beichtstuhl und die Übernahme beichtväterlicher Aufgaben bis zum Mißbrauch eines Beamten-Tschakos für Notdurftzwecke. Aber solche Kabinettstückchen wurden auch anderen lustigen Vögeln seiner Zeit angedichtet. Anders verhält es sich allerdings mit der Legende, daß er im Rottal einen wilden feurigen Heißen allein durch sein Zitherspiel zähmte, bis aus ihm ein frommer Reitgaul geworden war! Solche Fähigkeit schrieb der Volksmund nur ihm zu, und wer weiß, vielleicht zu Recht.

Ob er dabei etwas verdiente, wovon er überhaupt seinen Lebensunterhalt bestritt, ist unklar, daß ihm sein Musizieren freie Kost und Logis in den Wirtshäusern einbrachte, wohl anzunehmen. Zu seiner Zeit lebte nachweislich eine große Schar reisender Musikanten von den Einkünften aus ihrem Spiel. »Damals, nach den großen Kriegen des ersten Napoleon und ihren unmittelbaren Nachwehen, schlug das goldene Zeitalter für die ländlichen Musikanten, welche, wie man so zu sagen beliebte, schwer Geld verdienten auf den zahllosen großen und kleinen Kirchweihen und Nachkirchweihen, bei Handwerkstagen, Hochzeiten, Dulten und Jahrmärkten und den hundert anderen Gelegenheiten, bei welchen sie Tag und Nacht aufspielten zu Lust und Tanz!« Ganz so rosig, wie Johann Fressl sie hier darstellt, werden die Zeiten nicht für alle ausgesehen haben. Fest steht aber, daß Schneider, Kürschner, Zugweber und andere Handwerker, also Leute mit leichterer und saisonabhängiger Beschäftigung, die meisten und besten Musiker lieferten – warum sollte nicht ein Fleischhacker, wie der Wirtssepperl z'Garching, darunter gewesen sein? Die Wirte holten sich ihre Musikanten hauptsächlich zum Tanzaufspielen, wozu zwei oder drei Mann völlig genügten, zur Not tat es auch ein einzelner. Die größeren Bauern luden sich Musikanten zur Kurzweil bei den sogenannten Gunkelabenden in der kälteren Jahreszeit auf den Hof. Solche kehrten danach ganz von selber immer wieder zu, kamen in den Rauhnächten, zum Neujahranwünschen, zum Erntedank oder zur Drischlegg.

Der Wirtssepperl durchlebte auch »liedmäßig« eine gute Zeit; vereinzelt machten sich Leute schon die Mühe des Aufschreibens. In der Nähe von Vilshofen, in Rainding, war es ein Wirt, der so eine interessante Sammlung zusammentrug. Ausgerechnet in Garching an der Alz lebte um 1813 ein Benefiziat, der zu den frühesten bayerischen »Aufschreibern« gerechnet werden muß: Alois Stephan Weih, ein geborener Burghausener, dessen Lebensstationen Salzburg, Garching, Freising und Rosenheim waren. Leider überlebte von seiner Sammlung nur ein einziger, der achte Band, mit 60 Weisen und über 100 Texten, von denen der eine oder andere durchaus vom Wirtssepperl z'Garching stammen könnte. Joseph von Hazzi und Lorenz Westenrieder fanden mundartliche Lieder dieser Zeit aufzeichnenswert. Die Reihe ließe sich über den Philosophieprofessor Zaupser sowie die Maler Eugen Napoleon Neureuther und Ulrich Halbreiter beliebig fortsetzen. Die Saat des Begründers der Volksliedforschung, Johann Gottfried Herders, ging gerade zu Lebzeiten des Wirtssepperl stark auf. Wenn er also neben dem Zitherspiel den so gesuchten natürlichen Volksgesang beherrschte, was anzunehmen ist, so dürfte er sich tatsächlich großer Beliebtheit erfreut haben, auch wenn außer dem Lied keine weiteren schriftlichen Aufzeichnungen über seinen Lebensweg existieren.

Der letzte und wichtigste Hinweis darauf, daß es ihn wirklich gegeben hat, ist der Eintrag ins Totenbuch der Pfarrei Engelsberg: »Joseph Wasserburger, Wirtssohn und Metzgersknecht, Garching, Landgericht Altötting, ledig, gestorben an Lungenlähmung am 1. Juli 1857, nachts 12 Uhr. Behandelnder Arzt Weisbrod, Chirurg, 4. Juli beerdigt, 69 Jahre 6 Monate alt.«

Und auch darum rankt sich noch eine Geschichte, die letzte seines seltsamen, einschichtigen Lebens. Krank und hinfällig soll er zuletzt doch noch einmal im Garchinger Wirtshaus, das mittlerweile einer seiner Stiefbrüder führte, zugekehrt sein. Der Wirt von Unterneukirchen hätte ihn im Gäuwagerl hergefahren, sagt man. »Acht Tag lang, Schwager, muaßt mi ghalten, dann marschier i wieder weiter«, soll seine Rede gewesen sein. Und wirklich dauerte es genau acht Tage bis zu seiner Abreise, hinüber in die Ewigkeit.

Sein Grab im Pfarrfriedhof von Engelsberg wurde bei der Friedhofsumgestaltung anno 1869 aufgelöst.

Garching an der Alz, das alte Straßendorf mit seinen 13 Bauernhöfen, der Kirche und dem Wirtshaus, hat sich mittlerweile zu einer Siedlung mit 6 000 Einwohnern entwickelt. Nach dem Krieg sind viele Flüchtlinge zugezogen. Bauern gibt es keine mehr, die Lage im Chemiedreieck bestimmt die Berufe. Nur das Wirtshaus, das, 1892 abgerissen, wieder neu aufgebaut wurde und einen Wirtswechsel nach dem anderen erlebte, trägt immer noch den alten Namen »Wirtssepperl«. Der jetzige Wirt hat eine eigene, nach dem berühmten Sohn des Hauses benannte Stube einrichten lassen. Zitherspielen kann er nicht und singen tut er auch nicht – womit sich auch die letzte der überlieferten Liedstrophen bewahrheiten soll:

Es werd koana mehr kemma
und kimmt koana mehr aa,
wia da Wirtssepperl z'Garching,
da Wasserburga!

An Heiden trag' i furt, an Christen bring' i wieder

Die Taufe im Volksbrauch

Eine Kindstaufe gehörte schon immer zu den fröhlichsten Familienfesten des ganzen Jahres. Stolz auf den gelungenen Nachwuchs paart sich mit der Freude über dessen Aufnahme in die christliche Gemeinschaft. Solches Hochgefühl findet seinen Ausdruck von jeher in geistlichen wie leiblichen Genüssen gleichermaßen. So entwickelten sich rund um die Taufe viele Formen liebenswürdigen Brauchtums, gläubigen und abergläubischen Ursprungs, das auch in der heutigen Zeit durchaus noch vielfach seinen Platz hat.

Die hohe Kindersterblichkeit früherer Zeiten bedingte einen möglichst frühen Zeitpunkt der Taufe, meist zwischen dem ersten und dem siebten Tag nach der Geburt. Auch wenn dies eine Teilnahme der Mutter unmöglich machte, zeigte sie doch Verständnis dafür, denn die Sorge um das Seelenheil des Neugeborenen war wichtiger. Starb eines ungetauft, so weinten nach der Volksmeinung darob selbst die Bäumchen im Wald vor Mitleid, und nur die Zuversicht, der heilige Johannes der Täufer werde solch erbarmungswürdige Geschöpfe einmal am Jüngsten Tag dennoch mithalten lassen, spendete Trost. Gab ein Kind bereits bei der Geburt nur schwache Lebenszeichen, so durfte die anwesende Hebamme mit Weihwasser und Kreuzzeichen die Nottaufe geben: »I tauf di aufn Zweifel, hast a Lebn oder net, im Namen des Vaters und des Sohnes und des Heiligen Geistes. Amen!«

Starb das Kind, so wurde es am dritten Tag während des mittäglichen Zwölfuhrläutens begraben.

Daß es mit der Taufe gar so pressierte, lag sicher auch in der Furcht begründet, ein kleiner Heide im Haus ziehe magisch alle bösen Geister aus der Umgebung an und schade so der ganzen Familie.

Der Taufakt vollzog sich meist in der nächstgelegenen Kirche, seltener im Pfarrhof und nur manchmal – speziell im nördlichen Bayern – im elterlichen Hause. War allerdings der Täufling »vor dem Ehstand gezeugt«, so zeigten sich Kirche und Nachbarn oft weniger freundlich und bestanden auf einem heimlichen Vorgang im Pfarrhof, wobei nicht einmal Kerzen brennen durften!

Der Pate

Die seit der Mitte des ersten Jahrtausends übliche Taufe wurde 813 von der katholischen Kirche allgemein eingeführt und stellt den jüngsten Christen einen Paten zur Seite. In Bayern bezeichnete man den männlichen als »den Göd«, sein weibliches Gegenstück als »die Goden«. Für die Kindseltern stellen sie »Gevatter« und »Gevatterin« dar, was sie als »Mitvater« kennzeichnet. Der hohe Grad geistiger Verwandtschaft und Verantwortung drückt sich im langjährigen Verbot einer Ehe zwischen Paten und Patenkind, gleich der von Blutsverwandten, aus. Dies ging mit der Überzeugung Hand in Hand, das Kind erbe auch Eigenschaften des Paten: »Der neunte Teil des Kindes fährt dem Paten nach!«

Nachdem der Pate an Autorität dem Vater am nächsten steht, erfordert seine Auswahl sorgfältige Überlegung. Christliche Tugenden, gepaart mit weltlichem Beiwerk, wie Besitz, Geld, Ansehen, waren am gefragtesten. Monate vor der Geburt bereits, häufig schon bei der Hochzeit, trafen die künftigen Eltern ihre Wahl, wer das »christliche Werk« verrichten sollte, wohl wissend, daß ein derartiger Antrag eine große Ehre darstellte. Er stieß kaum einmal auf Ablehnung, dies hätte nur Unglück, im mindesten Falle Feindschaft nach sich gezogen. »Patenschaft baut eine Stufe in den Himmel«, trösteten sich Gevattersleute im Hinblick auf die damit verbundenen Ausgaben: »Patenkreuzer fallen vom Himmel«, sie hätten noch keinen arm gemacht, hieß es.

Meist wählte man verheiratete Gevattersleute – Verwandte nur bei unehelichen Geburten – und nicht selten stand eine Familie zur anderen in solcher Beziehung, man hob sich gegenseitig die Kinder aus der Taufe, kamen ihrer noch so viele!

Die Namensgebung

Auch unsere heidnischen Vorfahren gaben ihren Kindern den Namen nach genau festgelegten Weihezeremonien. Bei den frühen Christen kam der Wunsch auf, den Namen in Beziehung zur Religion zu bringen, Märtyrer wie

Stephanus oder Laurentius zu wählen. Mit der im 14. Jahrhundert aufblühenden Heiligenverehrung wurde das Angebot beträchtlich erweitert, was auch dringend nötig war, verwendete man doch bis ins 15. Jahrhundert nur Vornamen: Georg der Goldschmied, Friedrich der Nürnberger und so weiter.

Das Recht zur Namensbestimmung lag bei Eltern und Paten gleichermaßen. Die Angewohnheit, diesen keinesfalls vor der Taufe bekanntzugeben, rührt von der Furcht her, den bösen Mächten irgend etwas von dem Kind, und sei es nur den stellvertretenden Namen, kundzutun. Im Volksmund hieß es allerdings, andernfalls würde das Kind »a rechte Ratschen«, und das galt es ebenfalls zu verhüten.

Ob das erstgeborene Kind den Namen des Paten oder des Vaters beziehungsweise der Mutter erhielt, war regional verschieden: In Franken hatten die Paten, in Altbayern die Eltern das Vorrecht. Bei weiteren Kindern griff man gern auf die Namen der Großeltern zurück, in der Hoffnung, deren gute Eigenschaften könnten damit auf das Kind übergehen; die Geburt wurde nämlich lange als Wiedergeburt eines Vorfahren angesehen. Gerne suchte man als Namenspatron den Heiligen des Geburtstags aus, man »nahm den Heiligen mit«. »Zurücktaufen«, also einen Heiligen wählen, dessen Fest im Jahr bereits gefeiert worden war, tat man ungern, es bringe Unglück, hieß es. »Nachitaufen« aber war vor allem in kinderreichen Familien üblich, wo Buben und Mädchen öfters den Namen eines bereits verstorbenen Geschwisterls erhielten.

Wie die Taufregister der Vergangenheit belegen, kam es nur selten vor, daß gestrenge Kapläne im Falle unehelicher Geburten das Taufwasser als »geistliche Waffe« gegen den allzu losen Verkehr der Geschlechter einsetzten und ledige Kinder als »Telesphorus«, »Zyprian«, oder »Liberata« brandmarkten, wie vor 130 Jahren in Ilmmünster geschehen. Und auch die von Ludwig Thoma 1905 in seinem Roman »Andreas Vöst« überlieferte Straftaufe eines »Simplizius« entsprach einzelner pfarrherrlicher Willkür. Nach damaliger kirchlicher Bestimmung hätte sich kein Taufpriester über das natürliche Recht der Mutter auf freie Namenswahl hinwegsetzen dürfen.

Der Taufgang

»Wird das Kind zur Taufe getragen, so hat die Wöchnerin in der Stube zu sitzen und in die vier Winkel zu gukken…«, eine früher allgemein gültige Vorschrift, die es der Mutter untersagte – was bei dem frühen Tauftermin ohnehin unmöglich war –, dem Sakrament in der Kirche beizuwohnen. Am Taufgang beteiligten sich der Vater, die Hebamme, die das Kind hintrug, und die Gevattersleute, die das Getaufte wieder heimbrachten. Für die Hebamme konnten auch Verwandte, Nachbarinnen oder Dienstboten einspringen.

Alle Kirchgänger hatten größte Sorgfalt auf ihre Kleidung zu verwenden, andernfalls würde aus dem Täufling ein schlampiger, unsauberer Mensch, fürchtete man. Im Chiemgau zog die Patin sogar ein nagelneues Hemd und dieses zur Abwehr der Hexen verkehrt herum an. Daß die Hauptperson, der Täufling, fein herausgeputzt wurde, versteht sich von selbst. Seine Ausstattung – Hemderl, Häuberl, Strümpfe – stammte von der Patin. Das Steckkissen und die oft weiß-rot gestickte Decke, das »Einbinddeckerl«, waren von der Mutter für das Heiratsgut oder während der Schwangerschaft angefertigt worden. Man verwendete diese, wie auch die spitzenbesetzten oder gar brokatenen Taufkleider und -häubchen, bei allen Kindern einer Familie, wobei sie dem Täufling nicht angezogen, sondern lediglich aufgelegt wurden.

Die Taufkerze sollte geschenkt sein – am liebsten von einer Freundin der Mutter –, das Kind lerne dann leichter zu bitten und zu danken, hieß es. Je größer, desto lieber sah man sie, war sie doch für alle Geschwister bestimmt, um deren guten Zusammenhalt zu sichern.

In das Taufkissen steckte die Patin einen geweihten Palmzweig sowie Stengel von Wermut, Rosmarin und Salbei, deren starkes Aroma seine antidämonische Wirkung zum Schutz vor der »bösen Hex« entfalten sollte. Daneben durfte ein kleines Brotstückerl nicht fehlen, um den Täufling ein Leben lang vor Hunger zu bewahren.

»In Gottes Namen, Mutter, an Heiden trag i furt, an Christen bring i wieder«, mußte die Hebamme bei der Übergabe des Steckkissens dreimal wiederholen, bevor sich die kleine Prozession zu Fuß, mit der Chaise oder dem Schlitten in Bewegung setzte. Bei einem großen Bauern, gar bei dessen Stammhalter, feuerte der Nachbar jetzt drei Böllerschüsse ab, bei Mädchen tat es ein blinder Flintenschuß.

Herumtrödeln oder gar -ratschen war verboten, würde sich auf den Charakter des Kindes ungünstig auswirken, fürchtete man. Unentbehrlich war ein großer Schirm, denn »wird das Kind auf dem Kirchgang naß, wird daraus ein Säufer« – ein Schicksal, das sich auch erfüllen sollte, falls der Pate unterwegs ein stilles Örtchen aufsuchen mußte!

Gute wie schlechte Omen begleiten den Gang: Zufällig auftauchende Kinder bringen Glück, Bettler oder alte

Weiber das Gegenteil. Mancherorts spannen findige Buben dem kleinen Zug vor der Kirche ein Seil und verlangen für ihr Glückbringen glatt ein Lösegeld. Berührt der Pate beim Eintritt in die Kirche den herabhängenden Glockenstrang, so sichert er dem Kind damit eine schöne, kräftige Stimme, die oft gleich beim anschließenden Taufakt zu vernehmen ist. Das deutet man sowohl als Ankündigung eines späteren guten Sängers, meint aber auch, es würde damit bereits eine baldige neue Taufe angesagt!

Der Taufakt

Wenn auch die Worte des Geistlichen heute im wesentlichen denen von früher entsprechen, so achtet man jetzt doch nicht mehr so streng darauf, daß ja keines ausgelassen wird. Nach altem Dafürhalten machte dies ein Mädchen später zur Drud, einen Buben gar mondsüchtig. Blickte der Täufling lebhaft in der Kirche herum, verriet er jetzt bereits Interesse, einmal den geistlichen Stand anzustreben. Unglück verhieß es, wenn während der Taufe die Kirchenuhr schlug. Als besonders glücklichen Umstand wertete man, wenn das Sakrament mit frisch geweihtem Taufwasser durchgeführt wurde. Eine solche »Ehtauf« oder »Neutauf« kostete übrigens doppelt so viel wie eine gewöhnliche. Wurde sie an einem Buben vorgenommen, kündigte dies dem ganzen Dorf ein fruchtbares Jahr an, bei einem Mädchen viel Regen und Unwetter.

Auf die heilbringende Wirkung des Taufwassers vertraute mancher Pate, wenn er heimlich den Finger eintauchte und dem Kind damit über die Kieferknochen strich, um das spätere Zahnen zu erleichtern. Auch nahm man den Rest aus dem Taufkrügerl gern mit nach Hause, da man es höher einschätzte als das Weihwasser.

Weil sich die Gödin im Umgang mit dem Neugeborenen meist als die Geschicktere erwies, war sie es, die den Täufling über das Becken hielt. Der Göd stand daneben, er durfte nur »laternentragen« – die ganze Festivität bezahlen! Dazu gehörte auch ein Trinkgeld, das dem Mesner jetzt zum Abschluß der Zeremonie in das Taufbecken gelegt wurde, bevor der neue Erdenbürger von der Kirche aus seine erste kleine Reise direkt ans Familiengrab, den »Ahngartl« antrat, um sich den Verstorbenen als junges Mitglied vorzustellen. Palmkatzerl, Rosmarin und die anderen Kräuter aus seinem Kissen gehörten auf das Grab gelegt, ferner im Namen des Täuflings einige Vaterunser gebetet.

Der Taufschmaus

Jetzt freute sich alles auf ein »Kindlmahl«, das beim Wirt bereits vorbestellt war. Die Einladung dazu erstreckte sich auf Hebamme, Pfarrer und Mesner; hatte der Schullehrer die Orgel geschlagen, so durfte auch er daran teilnehmen. Galt es bei vermögenderen Familien gar einen Stammhalter zu feiern, ließen sich die Gevattersleute nicht lumpen und bestellten ein paar Musikanten, die den Weg von der Kirche zum Gasthaus lautstark begleiten mußten. Wenn sich zusätzlich noch Nachbarn und Verwandte einfanden, stand solch ein Taufschmaus einem Hochzeitsmahl an Aufwand nicht viel nach!

Eigentlich hätte die Gödin ja mit dem Kind nirgendwo einkehren sollen, damit dieses später nicht zum Trunkenbold werde. Aber nur vereinzelt bestellte sie ihre Großdirn, um den jungen Christen gleich heimzutragen. Meist begann dessen Christenleben unter Lärm und Tabaksqualm abseits auf einer Tischplatte. Er lief sogar Gefahr, mit dem Löffel Wein oder Bier eingeflößt zu bekommen, und wurde nicht selten – wie aus Tirol und dem Innviertel überliefert – ähnlich einer Braut gegen eine gewisse Auslösesumme gestohlen! Eine Polizeiverordnung von 1661 verbot eine Zeitlang den Taufschmaus, weil zu viele Gevattersleute den Täufling »beschädigt« zurückbrachten oder gar verloren!

Speziell bei den niederbayerischen Taufessen mußte sich der Tisch biegen: Suppe mit Knödeln und Bratwürsten, saftiges Rindfleisch, saures Lüngerl als Voressen, Kalbshaxe, Schweinsbraten mit Kraut, Kapaun, Ente, Gans, Hase, »alles, was sich an Fleischgerichten nur auftreiben läßt«, zählt Josef Schlicht, Schloßbenefiziat von Steinach, auf. »Danach Torte und Wein, der für die Hebamme ein besonders süßer sein mußte, denn gerade für sie war der Tauftag ein Ehrentag, und der Kindsvater mußte ihr beim Mahl einmal Spruch und Zutrunk widmen!« Im übrigen Bayern hielt man es etwas bescheidener. In Oberbayern gab man sich mit Schweinernem, Kraut und Knödeln, ausgezogenen Kücheln und Milchreis zufrieden. Der Pate mußte übrigens von sämtlichen dargereichten Speisen zumindest kosten, sonst hätte später einmal das Kind die, die er ausgelassen hatte, nicht vertragen. Wein und Bier gehörten reichlich aufgetischt, weshalb man den Ausdruck »Kindlmahl« leicht durch »Kindl-Eiwoacha« ersetzen konnte.

Die dargebotene Tafelmusik sollte nicht nur unterhalten, sondern dazu auch noch die Liebe des Täuflings zur Musik wecken und fördern. So dehnte sich das Mahl oft über Stunden, bis die Gesellschaft endlich mit dem obligatorischen »Bschoadbinkerl«, den eingebundenen Essensresten, aufbrach. Jedenfalls mußte das Kind vor dem Gebetläuten daheim sein, andernfalls hätte man sich gefürchtet, statt seiner einen ausgetauschten Wechselbalg zurückzubringen.

Die Heimkehr

Für den Heimweg galten die gleichen Regeln wie für den Hinweg: nicht stehenbleiben, nicht ratschen, auch wenn noch so viele Gratulanten und Neugierige einen aufhielten; der Gesundheit des Kindes war das sicher förderlich. Bot sich die Gelegenheit, über eine Brücke zu gehen, so nahm man dafür einen Umweg in Kauf. Das Kind sei dadurch ein Leben lang vor aller Wassergefahr geschützt, glaubte man.

Respektvoll erwarteten zu Hause die Dienstboten den neuen Hausbewohner unter der Türe mit Salz und Brot: Vom Salz, Sinnbild der Klugheit, streute man ihm einige Körnchen über den Kopf, das Brot wurde über ihm gebrochen, daß er nie Mangel daran leide. Der Pate übergab nun das Kind seiner Mutter mit dem Spruch: »Einen Heiden hab' ich aus dem Haus, einen Christen dir ins Haus gebracht. Ich bitt' dich, daß du ihn christlich aufziehst!«

Die Mutter besprengte den Täufling mit Weihwasser, legte ihn in die Wiege und achtete von jetzt an darauf, daß niemand sich an deren Kopfende aufhielte, denn hier hatte nun der Schutzengel Posten bezogen, um zu wachen.

Bis ins 14. Jahrhundert kann man das Backen des »Taufbrotes« zurückverfolgen, eines Gebildbrotes in Form von Männlein oder Weiblein, das jedem Taufgast zum Abschluß überreicht wurde. Im letzten Jahrhundert wandelte es sich zum einfachen weißen »Taufweckerl« um, das man beim Bäcker mit dem eingeprägten Anfangsbuchstaben vom Namen des Täuflings bestellen konnte. Bald schenkte man es jedem Besucher, reichte es als »Dämmerlbrot« vor allem den Dorfkindern beim Fenster hinaus, die wenigstens einen Blick auf das kleine Butzerl drinnen im Haus erhaschen wollten.

Nur bei großer Entfernung zwischen Kirche und Elternhaus setzte man sich daheim noch einmal zu Kücheln und Krapfen an den Tisch. Sonst gab der Gevatter das Zeichen zum Aufbruch, indem er der Wöchnerin in ihrer Kammer Gottes Segen wünschte und dem Kind in der Wiege daneben das Kreuzzeichen auf die Stirn machte. Jetzt war letzte Gelegenheit, Pfarrer, Mesner und Hebamme das »Drogeld« zuzustecken und das Patengeschenk einzulegen, falls er es nicht schon vorher getan hatte.

Die Taufgeschenke

Patengeld macht reich und bringt Glück, hieß es. Deshalb überreichte man einen »Godentaler« in schöner Umhüllung, wovon sich der Name »Eingebinde« für das Taufgeschenk ableitet.

In Oberbayern war für einen Buben ein »Rittertaler« mit dem Bild des heiligen Georg am gefragtesten, der Schutz gegen Zauberei bieten und zu »gachem Glück und schnellem Vermögen« verhelfen sollte. Eingenäht in ein blaues

Seidenband, steckte ihn der Göd in das Taufkissen. Mädchen bedachte man mit einem »Marientaler«, dem bayerischen Zweiguldenstück mit der Mariensäule, umhüllt von einem rosa Seidensackerl. Ehre aufheben konnte man auch mit älteren Münzen – Frauen-, Kronen-, Theresientalern –, besonders gefragt war ein »Goldfüchsl«. Anzahl der Münzen, Umhüllung und Bezeichnung für das Geschenk waren in den einzelnen Gegenden unterschiedlich, wohl aber sollte der Godentaler überall Grundstock für spätere Ersparnisse sein und dazu dienen, das einmal selbst verdiente Geld zu hüten und zu mehren. In Oberbayern stellte man auch eigene, meist silberne »Tauftaler« her, mit Heiliggeisttaube oder der Taufszene Jesu im Jordan geziert. Sie dienten später als Schmuckstück und wurden gern als »Schatztaler« an der Uhrkette oder dem Miedergeschnür getragen.

Vermöglichere Paten überreichten daneben silberne Löffelchen, daß »das Kind schnell und sauber essen lerne und kein armer Schlucker würde«. Man hütete sich aber davor, Messer oder Gabel zu schenken, um nicht das Glück des Kindes anzustechen oder zu zerschneiden. Ähnlich dachte man von Schuhen, mit ihnen würde das Glück zertreten.

Teile von Kinderkleidung tauchen nur bei ärmeren Familien auf. Beliebt waren dagegen goldumrandete Kaffeetassen für Mädchen, schön bemalte Halbliter-Bierkrüge für Buben, daneben Zinnteller und elfenbeinerne Löffel mit entsprechenden Gravuren.

Mit der Übergabe war stets auch eine Mahnung aus dem Mund des Paten verbunden: »Hier hast du das Deine, laß jedem das Seine!«

Der früher übliche Stoffbeutel des Eingebindes bekam im 17. Jahrhundert Konkurrenz eines reichverzierten Papiers, des Taufbriefs, auch »Patenbrief« oder »Taufzettel« genannt. Um einen handgeschriebenen Segensspruch in der Mitte ranken sich ein Lebensbaum, zum Herz erweitert, von Tauben umflattert, oder Blumengirlanden, kunstvoll ineinander verschlungen, mit Wasserfarben koloriert. Sehr beliebt war es, vier Herzen im Quadrat anzuordnen, in deren Mitte man den Tauftaler auf einem Sinnspruch plazierte.

Anfang des 19. Jahrhunderts begann die Herstellung von serienmäßig gedruckten Taufbriefen. Zuerst enthielten sie nur Verzierungen zum Selbstkolorieren und zum Einschreiben des persönlichen Textes. Bald aber mußten die Paten bloß noch Namen, Ort und Datum der Taufe eintragen, den Zettel falten – und das Geldstück nicht vergessen! Anhängliche Patenkinder zogen den Brief auf Karton auf und hängten ihn in die Schlafkammer unweit des Kruzifixes.

In den dreißiger Jahren des vorigen Jahrhunderts waren gedruckte Taufzettel mit figürlichen Darstellungen – Taufzeremonien, Heiliggeisttauben, Lamm mit Kreuz, kinderumarmende Engel – üblich. Sie stammten aus der Schweiz, waren in Zürich und Winterthur gedruckt, von wo sie den Weg zu uns fanden. Auch enthielten sie längere Verse mit Ratschlägen für das diesseitige Leben, während in den älteren stets die Wünsche für ein seliges Sterben auftauchten.

Die reichste Ausstattung erfuhren die Taufbriefe des Biedermeier. Der Taufzettel mit Spruch und Datum bekam einen fein gestanzten Rand und steckte in einem Kuvert, auf dem sich Papier- oder Stoffblüten entfalteten, wächserne Jesukindl auf Seidenrüschen oder -kissen schliefen, Marienfigürchen oder der Namenspatron des Täuflings ruhten. Ob ihrer Zerbrechlichkeit bewahrte man solche Taufbriefe in kleinen weißen Schachteln auf, weshalb viele noch relativ gut erhalten im Antiquitätenhandel auftauchen. Auch sind einfachere Ausfertigungen im Nachdruck wieder erhältlich und geben traditionsbewußten Taufpaten Gelegenheit, ihr Angebinde zu verpacken, wie es bei uns einmal der Brauch war.

Aus der Boh, wer's net ko

Von der Leidenschaft des Schlittenreitens

Ein Schlitten ist weit mehr als nur winterliches Kinderspielzeug. Man braucht gar nicht auf so spitzfindige Bezeichnungen wie »Schlitten: verschiebbare Schablone, beweglicher Maschinenteil oder Untersatz beim Stapellauf eines Schiffes« zurückzugreifen. Zur Definition »Schlitten: ein Fahrzeug, das sich auf Kufen bei gleitender Reibung abwärts bewegt« fallen einem bereits mannigfaltige Ausfertigungen zu unterschiedlichsten Zwecken ein. Sicher, die Beförderung steht im Vordergrund, aber wann wo wer was auf einen Schlitten packte, das liefert Stoff für Geschichten über Geschichten, abenteuerliche, rasante, romantische…

Der Schlitten ist ein Gefährt mit langer Geschichte: In schneereichen Gebieten stellt er weltweit seit jeher das wichtigste Transportmittel dar. Die Toboggans der Indianer Nordamerikas und der arktischen Völker, welche auf durchgängigen Bodenflächen über Schnee und Eis gezogen wurden, sie zählen zu den ältesten Modellen. Die Bespannung mit Hunden oder Rentieren ist genausoalt wie der Gebrauch von Kufen, zweien oder gar dreien, von denen die mittlere zur Steuerung beweglich bleibt.

Unsere germanischen Vorfahren zogen ebenfalls mit pferdebespannten Schlitten durch die Gegend – und das nicht nur zur Winterszeit: Im Sommer überquerten sie damit die Watten des Nordens!

Der Schlitten ist vielfältig einsetzbar, deshalb ersetzte er jahrhundertelang gerade ärmeren Bevölkerungsschichten den teuren Wagen. Dazu kam noch der Vorteil, daß er sich in Heimarbeit selbst anfertigen ließ. Das galt insbesondere für den Sommerschlitten, die sogenannte »Schleipfe«, mit der Heu und Gras von den Bergwiesen heruntertransportiert wurden. Im Kleinformat baute man ihn sogar für die Kinder, doch nicht als Spielzeug, sondern zum Lernen für den geschickten Umgang damit. Sommerschlitten zog man genauso von Hand wie die Winterschlitten, denen man Heu und Schnittholz auflud. Die vorne hochgezogenen Kufen brachten ihnen die Bezeichnung »Hornschlitten« oder »Hörnerschlitten« ein. Auf der großen, ebenen Tragfläche fanden bei Bedarf Milchkannen und, speziell in den Wintersportorten, die Gepäckstücke der Gäste Platz. Daß nichts verlorenging, dafür sorgte ein umlaufendes Geländer. Für den Personentransport im flachen Gelände waren sie – sehr zum Leidwesen der Fremden, welche dieses Beförderungsmittel ungeheuer originell und urig fanden – nicht geeignet. Höchstens schneidige Bauernburschen rasten gelegentlich darauf zu Tal. Solch einfache, schmucklose Bauernschlitten waren zwar unentbehrlich, galten jedoch nicht als wertvoller Besitz, weshalb sie auch nur selten in Hinterlassenschaftsinventaren auftauchen.

»Schlittagen« und »Schneeschiffe«

In waldreichen Gegenden des Alpenlandes und des Bayerischen Waldes wurden die stabileren Ausführungen vom Dorfwagner oder -schmied angefertigt, nicht nur für den Waren-, sondern auch den Personentransport. Zwar begnügten sich sparsame Bauern lediglich mit einem Paar Schlittenkufen, die sie – nach Entfernen der Räder – einfach an den Achsen des Gäuwagerls befestigten. Doch wer etwas auf Reputation gab, leistete sich schon eine echte »Schlittengoaß«, in Österreich als »Gaßlschlitten« bezeichnet. Daraus läßt sich der Einsatzzweck bereits ablesen – sie war zum Ausfahren bestimmt: der Geschwindigkeit wegen von leichterem Gewicht, gut gepolstert und mit ledernem Knieschutz versehen, ein Pendant zu den vornehmen Ausfertigungen des Adels. Zumindest am hinteren Ende war die Lehne hochgezogen, oft auch die Seitenteile, damit man vor dem Fahrtwind geschützt war. Kurze Säulchen verbanden den kastenartigen Aufbau mit den weit auslaufenden Kufen. Das Vorderende, der Bug, war als schwungvoller Bogen gestaltet, lief gelegentlich sogar zum Schwanenhals aus. Und weil man alles Bewegte gern menschen- oder tierähnlich ausgestaltete, glichen die Schlitten nicht selten einem Einhorn oder Fisch, ließen zumindest am Heck einen Vogelkopf oder an den Kufenenden die Windungen eines Schneckenhauses erkennen. Meist waren sie zusätzlich mit eisernen Blumen oder Bänderhaken geziert – der Dorfschmied entwickelte sich zum Kunstschmied! Sitz, Lehne, Seitenteile forderten die Fähigkeiten des Kistlers heraus, beim Bemalen durfte er seine Phantasie entfalten. Der meist einspännige Schlitten wurde auch auf dem Lande zum noblen Gefährt, und das Fahren damit galt als angesehener Bauernsport.

Lag einmal der Schnee, pressierte die Arbeit auf dem Land nicht mehr so sehr. Im frühen Winter, in den Tagen nach Weihnachten oder Neujahr, da hatte man Zeit zum Ausfahren, für Besuche, ja sogar zum Heiraten. Taten sich in einem Ort gleich mehrere Gefährte zu einer organisierten Reise in die Nachbarschaft zusammen, so bezeichnete man diesen Ausflug als »Schlittage«. Erlaubt war sie freilich nur den Verheirateten oder zumindest ernsthaft Verlobten kurz vor dem Hochzeitstermin – des engen Zusammenrückens im Schlitten wegen! Kalt war es trotzdem, Wangen und Nasenspitzen röteten sich zusehends, die Hände der Weiberleute verschwanden im Muff und der sogar noch unter der Decke über den Knien. Obwohl man um neun Uhr morgens startete – nicht selten unter den fröhlichen Klängen der Dorfmusikanten, die auf einem mit bunten Bändern gezierten Schlitten vorausfuhren – und erst gegen Mitternacht heimkehrte, verbrachte man doch die meiste Zeit der Schlittage in den Wirtshäusern, die sich früher ja noch an den Dorfstraßen aneinanderreihten. Die frische Winterluft machte hungrig und durstig, »aufgleimen« von der grimmigen Kälte mußte man auch immer wieder! Wirte, Lebzelter, Geschäftsleute des Zielorts waren rechtzeitig informiert worden. Auf dem abendlichen Höhepunkt, dem Schlittageball, da gab es Räusche, aber die Pferde kannten ja den Heimweg, und die Straßen waren selbigesmal noch automobilfrei...

Vergleicht man älteste Darstellungen von Schlitten aus dem 16. Jahrhundert mit denen der nachfolgenden, so bestimmt die zunehmende Prunksucht von Barock und Rokoko auch deren Ausgestaltung. Nicht allein der kunstvolle Kastenaufbau immer größer werdender Gefährte spiegelt das wider, auch die Zahl prächtigst herausgeputzter, mit Federbüschen und Fahnen gezierter Zugpferde nimmt zu: Sechsspännig gleiten die Fürstenschlitten dahin, die Kufen mit Schwanenflügeln verblendet, mit ausladenden Figuren bestückt, die an Landschaften mit lauen Lüften erinnern. Neptun schwingt den Dreizack, leichtbekleidete Nymphen beugen sich wie Galionsfiguren aus den vergoldeten »Schneeschiffen«. Die harten Sitzbänke sind weichgepolsterten Schalen gewichen, die lustvolles Versinken wie auf einem Kanapee ermöglichen. Auch bieten sie jetzt mehreren Fahrgästen neben- und auch hintereinander Platz. Der Kutscher sitzt nicht mehr vorne, sondern steht am Schlittenende auf einem Trittbrett über den Kufen, hält die Zügel über den Köpfen der Passagiere und steuert die Gespanne...

Derart luxuriöse, elegante Gefährte waren natürlich nicht auf dem Lande, sondern nur in der Stadt anzutreffen. Aus dem »Münchner Stadtbuch« vom Jahr 1868 erfährt man, daß der Magistrat der Stadt im 16. Jahrhundert jeweils am Sonntag nach dem Dreikönigsfest eine große Schlittenparade zu veranstalten pflegte, woran die Bürgermeister, die Mitglieder des Rats sowie die Patrizier mit Frauen und Töchtern teilnahmen. Ziel der Fahrt war die herzogliche Residenz, von deren Fenstern aus sich die erlauchte Familie mit allen Mitgliedern an dem Vorbeidefilee delektierte. Den prunkvollen Abschluß setzte danach »auf der Trinkstube am Marienplatz eine große Mahlzeit, zu welcher die Herzöge das Wildbret verabreichen ließen« und wohl auch selbst zu dem anschließenden Tanze erschienen.

So prächtig man sich die Schlittenfahrt des Magistrats auch vorstellen muß, das reine Vergnügen scheint sie für die Teilnehmer nicht gewesen zu sein: Ab 1592 bemühte man sich laufend, beim Herzog deren Einstellung zu erwirken, der sie allerdings seinerseits als eine hergebrachte, ihm gebührende Handlung ansah und auf der Abhaltung bestand. Der bezüglich der jährlichen Schlittenfahrt gepflogene Briefwechsel erscheint in seinen Abhandlungen lächerlich – doch charakteristisch für die damalige Zeit: Kündigt der Magistrat, wie am 10.1.1592 geschehen, die Einstellung der Fahrt an, befiehlt der Hof die Abhaltung am darauffolgenden Tage. Es habe aber noch gar nicht geschneit, und mehrere ihrer Hausfrauen seien schwangeren Leibes, kontert der Magistrat mit der Bitte um Verschonung vor dem Herumfahren auf dem bloßen, holperigen Pflaster... Androhungen von Strafen seitens des Herzogs, Klagen der Patrizier über Ausfall der Wildbretzuweisungen sowie über »Lebens- und Leibesgefahr«, der sie durch Ungeschicklichkeit des ungeübten Münchner Publikums ausgesetzt seien, sie wechseln miteinander ab. Eine geforderte eigene Schlittenbahn zur Residenz baut der Herzog nicht, also führen sie über Jahre hinweg Krankheiten, Stadtbesuche, Pferdeausfall ins Feld, und erst als die Zahl der Teilnehmer so abgenommen hatte, daß sie nur mehr »schlecht Ehr' erzeigen könnten«, erließ ihnen der Herzog – schweren Herzens – die Verpflichtung zur liebgewordenen winterlichen Ehrenbezeugung für alle Zukunft.

Satirische Studenten-»Schlittaden«

Bürgerliche Schlittenfahrten in der Münchner Stadt sterben aber deshalb noch lange nicht aus. Und hatte der Magistrat auch den Gefallen daran verloren, kamen die Studenten mehr und mehr auf den Geschmack. 1708 genehmigte der Kurfürst die erste hiesige akademische »Schlittage«, wohl ahnend, daß sie bald von weiteren Universitätsstädten kopiert würde – von Landshut, Augsburg, Dillingen, Freising, Straubing, Eichstätt, Burghausen, später auch von Neuburg, von Regensburg gar noch im Jahre 1802. Friedrich Nicolai erlebte den Brauch anläßlich seiner Reise durch den süddeutschen Raum im Jahr 1781 und stand als nüchterner Protestant dem ausgelassenen Treiben, das er als »Auswuchs katholischer Prunksucht und Übertreibung« bezeichnete, verständnislos gegenüber. Obwohl er spürte, daß es der »eloquentia« diente, belustigen und gleichzeitig belehren wollte, fand er kaum bewundernde und schon gar keine lobenden Worte.

Die Studenten starteten mit über 100 Schlitten jeweils um die Mittagsstunde des Unsinnigen Donnerstags und zogen im Schrittempo durch die Straßen. »Schlittaden« nannten sie ihre Fahrten selbst, in Anlehnung an die italienische Bezeichnung *schlitada*. Jede stand unter einem anderen übergreifenden Thema: Menschliche Fehler wie Völlerei, Trunksucht, Stolz, Haß, Neid, Dummheit wurden durch Tiere oder Figuren verkörpert, Gesellschaftskritik wurde geübt, indem sie das Französisch-Parlieren an den Pranger stellten, Stadt- und Landleute parodierten, Bauernmädchen gegen städtische Modetorheiten kontrastieren ließen. Ihr Ziel war es, eine »verkehrte Welt« zu präsentieren, in allegorisch-satirischer Darstellung. Der gesamte Götterhimmel wurde dafür aufgeboten mit allen Heroen der Antike. Das Konzept stammte in der Hauptsache von den Rhetorikprofessoren, Jesuiten waren an der Durchführung nicht unbeteiligt – außer in Freising! Requisiten und Staffagen schienen zwar von den Prunkschlitten des Adels und der städtischen Ratsherren übernommen, waren aber aus einfacherem Material nachgebaut, dafür um so phantasievoller aufgeputzt, die Besatzungen grandios kostümiert. Der eigentliche Sinn und Zweck lag für die Teilnehmer darin, im Spiel eine Kritik ausdrücken zu dürfen, die man sonst nicht einmal anzudeuten gewagt hätte. Auf den Mund waren die Herren Studiosi ja nicht gefallen, im Gegenteil, sie hatten die Beredsamkeit studiert! Die kurze rhetorische Freiheit kostete die Studenten eine Stange Geld – Kritiker bemängelten neben diesem Aufwand auch »die Vertraulichkeit mit dem anderen Geschlecht«. Schwere Unfälle, verursacht durch scheuende Pferde oder umstürzende Schlitten, wurden jährlich angeprangert, doch die Gastwirte taten das Ihrige, das Ansehen der Schlittaden hochzuhalten, das Vergnügen herauszustellen, denn Schlittenfahren erzeugt Hunger und Durst und förderte hiermit das gastronomische Geschäft schon immer ganz erheblich!

Die Schlittenreisen des Märchenkönigs

Schlittenfahren war nicht nur Volksbelustigung, auch die Mitglieder des Hofes fanden Vergnügen daran, sich, aufwendigst in Pelz vermummt, dünnen Kufen anzuvertrauen, auf denen allerliebste goldene Engelchen herumbalgten – heut' träumen sie nur mehr vor sich hin, im Nymphenburger Marstallmuseum! Unter den hocheleganten Prunk- und Lustschlitten der Kavaliere und ihrer Damen besticht vor allem der kurfürstliche Rennschlitten von 1728, auf dessen geschwungenem Kasten zwei Engerl sogar miteinander raufen – vielleicht, daß ihnen dabei wärmer wurde! Einer liegt bereits auf dem Fußende des Korbes, der andere beugt sich über ihn, zum Schlag ausholend...

Schlittenfahrten durch einen dick verschneiten Wald, gar des Nachts im Fackelschein, sie müssen ein besonderes Erlebnis sein. Einer hat sie geliebt, ja war ihnen direkt verfallen, darauf versessen, in hellen Mondnächten bergauf, bergab zu rasen, schnell wie ein Sturmwind, an Schluchten und Weihern vorbei. Die Leute hörten den Hufschlag der Pferde von weitem und spitzten verstohlen hinter den Fenstern hervor, um einen Blick zu erhaschen auf die Erscheinung im grellen Fackelschein, das Schimmern von Gold, die Umrisse der Krone, der schwebenden Engel... Sie schlugen ein Kreuz, denn sie kannten den winterlichen Weg und seine Gefahren.

Ludwig II. erreichte dieses sein Lieblingsgefährt, den Hofschlitten, von überallher, kein Weg war ihm zu weit oder zu beschwerlich: Von der Münchner Residenz fuhr er in der Equipage durch die Brienner- und Nymphenburger Straße hinaus, um zwischen Nymphenburg und Laim den Hofzug zu besteigen und zu der Station zu gelangen, wo der Schlitten bereitstand. Wenn er gar im Spätherbst nach Hohenschwangau übergesiedelt war, sauste er, falls es das Wetter zuließ, täglich durch Nacht und Nebel, über Stock und Stein. Häufig gingen seine Fahrten nach Tirol hinüber, nicht ohne Grund: Dort war Ludwig Privatmann, vor seinen Ministern sicher! Im ersten Stock des Gasthofs »Zur Post« in Reutte blieb ständig eine Suite von zwei Zimmern für den königlichen Gast reserviert, ebenso auf dem Fernpaß im Fernsteiner Wirtshaus, dem Endziel der von Hohenschwangau aus gestarteten Fahrten. Ein Gemach war mit blauem, eines mit rotem Damast ausgeschlagen,

Bildnisse Ludwigs und Marie-Antoinettes schmückten die Wände, ein ebenfalls dort hängendes Stilleben schrieb die Speisenfolge des Menüs vor, das der Küchenmeister zuzubereiten hatte, denn bei der mehrstündigen Rast pflegte der König sich an gastronomischen Genüssen wie Geflügel, Wild, Fischen, Früchten zu ergötzen. Alles auf der Leinwand Ersichtliche mußte der Lakai auftragen.

»Meist gab der König morgens um 7 Uhr vor dem Zubettgehen bekannt, daß gefahren wird«, erinnerte sich später Theodor Hierneis, der Hofkoch. »Dann mußte alles für das Diner eingepackt werden – Gläser, Teller, Besteck, Nahrungsmittel – der König bevorzugte ›Hechtenkraut‹.«

Für den Transport auf dem Hofschlitten bedeutete das immerhin 7 bis 8 Stunden wunderschöner, aber meist auch sehr kalter Fahrt den Alpenrosenweg entlang, an Füssen vorbei nach Reutte. Zweimal mußten die Pferde gewechselt werden, in Lermoos und Nassereith, bis man gegen Abend eintraf. Vortrefflich mundete dem Monarchen das Mahl nach der Herz und Geist stärkenden Fahrt in frischer Bergluft. Seltsamerweise verspürte er dabei auch nichts von der schneidenden Kälte. Während seine Begleitung zähneklappernd ihren Dienst verrichtete, wähnte sich der König, über Serpentinen und Wege dahinfliegend, in tropischen Gefilden, entstiegen seinem Hirn abenteuerlichste Projekte: Er plante eine Reise ins ferne Kaschmir, vertiefte sich in Beschreibungen dieses Landes, informierte sich so gründlich darüber, daß es Personen, mit denen er davon sprach, vorkam, er hätte dort gelebt. Auch quälte ihn auf diesen nächtlichen Partien keinerlei Angst, im Dunkel vertraute er seinen Kutschern, den Dienern, auch seiner Landbevölkerung – die ihn dabei doch gelegentlich zu Gesicht bekam: den König im schweren Pelz unter der Hermelindecke, inmitten von Goldschnörkeln, neben der glänzenden, halbnackten Frauenfigur, die große Lampe in die Höhe reckend. Wie in einem Feuerschein tauchte der Vorreiter in Rokoko-Livree mit weißgepuderter Perücke und Dreispitz auf, dahinter die Piqueure, im Gewand passend zur Bespannung: blau bei den milchweißen Schimmeln, rot dagegen bei Einsatz der tiefschwarzen Rappen. Straußenfederbüsche wippten auf den Köpfen der schnaubenden Pferde, dumpf klang ihr Hufschlag, silbern bimmelten die Glöckchen des Zaumzeugs, ein Aufblitzen für Sekunden im Fackelschein – schon war der Spuk vorüber! Luise von Kobell plauderte einmal aus, der König hätte dabei eines Nachts fast den Tod gefunden: Bei starkem Schneetreiben konnte der Vorreiter, starr vor Kälte, den Weg nicht mehr vom Abgrund unterscheiden und warf völlig verzweifelt die Lampe von sich. Er wollte auf und davon, um jeden Preis. Der Stallmeister Hornig behielt die Nerven, brachte ihn wieder zur Besinnung und rettete allen das Leben, ohne daß Ludwig, der wie immer phantasierend im Schlitten saß, von alledem etwas bemerkt hätte. Wenig später wurde der Vorreiter von Hornig entlassen.

Absolute Verschwiegenheit verlangte man von allen an solchen »Buen retiros« des Königs Beteiligten. Sofortige Entlassung drohte jedem, der auch nur leiseste Andeutungen machte, daß etwa Briefe jenseits der Grenze in Tirol – unter Umgehung der üblichen Grenzkontrollen – aufgegeben wurden! Ludwig hatte andererseits auch keine Ahnung davon, daß er – schuldlos – mit seinem Prunkgefährt zum Schmuggler wurde: Unter seinem erlauchten Sitzplatz befand sich ein sogenanntes »Sitztrögerl«, worin wärmende Schuhe, Decken, Handschuhe aufbewahrt werden sollten. Dieses war auf der Heimfahrt aber immer vollgepackt mit Tiroler Feigenkaffee – dem Gusto des Stallpersonals entsprechend – und passierte jedesmal unbehelligt die Grenze.

Arbeit und Spaß

Auch heute noch kann einem der Anblick eines Schlittengefährts im tief verschneiten Bergwald plötzlich den Atem stocken lassen: Auf den langgezogenen Warnruf »Ho-hoo« folgt ein gewaltiges Rumpeln und Rauschen, worauf ein Schlittenungetüm auftaucht und vorbeidonnert. Gelenkt wird es von einem einzigen, dick vermummten Mann, der lediglich mit einem Holzprügel links und rechts die tonnenschwere Ladung steuert und bremst, auf der oft stundenlangen Fahrt ins Tal. Hinter ihm türmen sich riesige Baumstämme, so plaziert, daß ihre dicken Enden am Boden schleifen und zusätzlich bremsen. Kälte macht dem einsamen Fahrer nichts aus, er kommt meist gehörig ins Schwitzen. Wieviel Konzentration und welch höllisches Aufpassen gerade bei Wegkrümmungen erforderlich sind, belegen Marterl zu beiden Seiten der Bahn.

In Ruhpolding ist solcher Transport noch heute gebräuchlich, denn Holz muß im Winter geschlagen werden, wo es »nicht mehr arbeitet«. Als bester Einschlagtag gilt nach wie vor der Thomastag, der 21. Dezember. Später achtet man auch auf abnehmenden Mond, soll das Holz nicht faulen und, je älter, um so härter werden. Dem Wald geht es nicht gut. Den Druck der Geländefahrzeuge, den Gestank ihrer Abgase, die Ölspuren, all das kann man ihm durch den Einsatz von Pferden und Schlitten ersparen –

zumal, wenn das Gelände für Fahrzeuge zu steil oder zu eng ist.

Schlitten hier im harten, gefährlichen Arbeitseinsatz, anderenorts auch heute noch zur Belustigung: Wenn sich alljährlich im Januar die Gaißacher am Lehener Berg treffen, um ihr spektakuläres »Schnabler«-Rennen auszutragen, dann ist es der reinen Gaudi wegen, für Teilnehmer wie Zuschauer gleichermaßen. Gefahren wird in zwei Disziplinen: Zuerst gehen Buben und Mädchen mit ihren Einsitzern an den Start, dann sind die Männer auf den zweisitzigen Schnablern – der hochaufragenden Hörner wegen so genannt – an der Reihe. Als Fahrer sind nur echte Gaißacher, als Beifahrer auch Auswärtige zugelassen. In toller Kostümierung werfen sie sich todesmutig in die steile Rennstrecke. Angefeuert von den Begeisterungsrufen ihres Publikums, das die Piste säumt, riskieren sie meterhohe und -weite Sprünge, die extra gemessen und gewertet werden. Und sie legen letztendlich atemberaubende Stürze hin, deretwegen das ganze Oberland zu diesem Spektakel strömt.

Es gibt aber noch viel mehr »Schlittennarrische« in den Alpen: Seit über 50 Jahren bauen sie sich rund um den Spitzingsee eindrucksvolle, überlange Gefährte, auf denen bis zu 15 Personen stehend oder sitzend Platz finden, um am Faschingssonntag am lustigen Treiben auf den Hängen der Firstalm teilnehmen zu können. Kaum einer der Bewunderer neben der Piste ahnt, welche Mühsal der Vorbereitung, welcher Aufwand an Zeit und Geld dahintersteckt – Absperrungen errichten, Lautsprecher aufstellen, die Schlitten auf landwirtschaftlichen Anhängern vom Schliersee zum 1000 m hoch gelegenen Spitzingsee befördern, ohne dafür von der Polizei wegen der Überlänge belangt zu werden. Dazu kommt das Unfallrisiko, das keine Versicherung übernehmen möchte... Schlittenfahren zum Spaß, gepaart mit Arbeit!

Zu den wildesten Fahrern gehören die Garmischer! Sie lassen beim traditionellen Hornschlittenrennen ihre Gefährte auf einer steilen Eispiste neben der Partnachklamm ins Tal hinunterdonnern. Die klobigen Schlitten, wahre Ungetüme – ursprünglich gebaut, um Holz und Heu auf vereisten Ziehwegen von großen Höhen herabzutransportieren –, sie würden heute wahrscheinlich nur noch im Museum zu besichtigen sein, hätte sie nicht 1969 eine unternehmungslustige Stammtischrunde von Partenkirchnern als Sportgeräte entdeckt. Sechs Schlitten rumpelten im darauffolgenden Jahr bereits talwärts. Mittlerweile erweiterte sich der Kreis der Gleichgesinnten zu einem Verein mit 700 Mitgliedern, die am Dreikönigstag über 80 Schlitten mit je vier Mann Besatzung in ein tollkühnes Rennen um die bayerische Meisterschaft schicken. Zwar liegt die Durchschnittsgeschwindigkeit nur bei 50 Stundenkilometern; da aber bestimmte Abschnitte lediglich im Schrittempo durchfahren werden können und teilweise geschoben werden muß, läßt sich die Rasanz erahnen! Um gewertet zu werden, muß der Schlitten – oft eine Antiquität – mit allen Bestandteilen und vollständiger Mannschaft das Ziel passieren. Vertreter befreundeter Alpenrepubliken, sogar Mannheimer und Berliner, dürfen am Rennen teilnehmen – siegen aber müssen zur Befriedigung der Zuschauer die Einheimischen, bevorzugt die »Glorreichen aus Garmisch«, denen dies auch wiederholt gelungen ist.

»Das Schlittenfahren und das Heiraten muß schnell gehn...«, heißt es bei uns in Bayern. Als Vorbild braucht man sich ja nicht unbedingt einen unserer Allerschnellsten, den Georg Hackl, auf seinem Rennrodel zu nehmen, der durch die Eisröhre saust, daß einem beim bloßen Zuschauen bereits Hören und Sehen vergeht. Der Schorsch besitzt die dazu nötige Nervenstärke: Als er im Jahr 1991 bei der Weltmeisterschaft um 64 Tausendstelsekunden langsamer als der Südtiroler Arnold Huber war, lautete sein Kommentar nur: »I hab die Idealspur net dakreit!« Und als der Reporter auch dafür den Grund wissen wollte, hieß die Erklärung einfach und trocken: »Weil da Huaba besser war!«

Das Schlittenfahren muß schnell gehen... Einer, dem es gar nie schnell genug gehen konnte, war Prinzregent Luitpold. Nur zu gern hockte er sich bei seinen heimischen Holzknechten auf den Schlitten und trieb sie an, es so richtig sausen zu lassen – bis ihm einer dieser Gesellen einmal zu bedenken gab: »Und was is na, wann's uns schmeißt, Königliche Hoheit? Was werden d'Leut sagn? Zu Eahna nix, aber zu mir: Hättst net wenigstens du der Gscheitere sein können!«

Alles mit Maß und Ziel, auch wenn es stimmt: »Das Heiraten und das Schlittenfahren muß schnell gehn, denn die gaache Liab und die große Kälten, sie währen nicht ewig!«

Die Doktorbäuerin Amalie Hohenester

Dichtung und Wahrheit um die Wunderheilerin von Mariabrunn

Im Nordwesten Münchens, wo das flache Dachauer Moos allmählich in das fruchtbare Hügelland übergeht, liegt, eingebettet in eine Mulde und hinter Bäumen versteckt, Mariabrunn. »Die dortigen Aussichten über die Ebene nach München hinein« erschienen bereits dem Historiker und Schriftsteller Lorenz von Westenrieder vor 200 Jahren unübertrefflich. Sie sind es noch heute: Da liegen die Dörfer in der Ebene, dahinter ragen die Schlösser von Schleißheim und Dachau auf, am Horizont erscheint die Turmsilhouette Münchens...

Eine Idylle inmitten von Wäldern – so präsentiert sich der Gutshof mit der Brauerei, das Wallfahrtskirchlein, der schattige Wirtsgarten und daneben die Brünndlkapelle, in der gelegentlich Besucher das Wasser der Heilquelle mit dem Schwengel heraufpumpen und im Flascherl mit heim nehmen, noch heute. Lediglich der Wallfahrerstrom gehört längst der Vergangenheit an.

Nur wenige der gegenwärtig – des guten Bieres wegen – Kommenden ahnen, daß sich in »Bad Mariabrunn« einmal die Reichen und Vornehmen aller Herren Länder trafen – Hofdamen, Generäle, Staatsbeamte –, um Heilung ihrer meist eingebildeten Leiden zu finden. Bei einer Frau, die 15 Jahre lang der verschwiegenen Einöde im Wald weltstädtisches Flair bescherte: durch ihre »Heilkunst« – so die einen –, durch »Kurpfuscherei und Scharlatanerie« – so die anderen. Die Erhebung zum »Weltbad« war das Werk einer selbstbewußten, ehrgeizigen Person, einer Dilettantin, die weder lesen noch schreiben konnte, aber die Dienstboten per Pfiff und den Ehemann mit einem energischen Stockschlag gegen den Boden herbeizitierte: Amalie Hohenester, geborene Nonnenmacher, vulgo Doktorbäuerin und Brünndlfrau.

Ihr Wirken fiel ausgerechnet in die Zeit, da München sich zu einer Hochburg medizinischer Forschung entwikkelte: Justus von Liebig hatte sich niedergelassen, die Elite der Ärzte – Nußbaum, Pettenkofer, Lindwurm – wirkte hier, während unmittelbar vor den Toren der Stadt eine Frau vom Land mit Urindiagnosen und Kräutertränklein ständig wachsenden Zulauf bekam, der rasch vom einfachen Volk auf höchste Stände übergriff. Ihre Verurteilungen durchliefen die Presse ebenso wie ihre Erfolgsmeldungen und mehrten ihren Ruhm gleichermaßen…

Besagte Wunderheilerin sorgte zeitlebens dafür, daß die Legenden um ihren Werdegang eher zu- als abnahmen; die Angaben lebender Zeitgenossen taten ein übriges. »Sie soll« und »man sagt« müßte vor viele Geschichten um die Hohenester gesetzt werden. Ein Romanbüchlein, in ihrem Todesjahr erschienen, verbreitete zusätzliche Blüten der Volksphantasie. Schauerlich umranken solche bereits ihre Geburt mit einer im Wald niederkommenden Mutter, dem beim Wildern angeschossenen Vater, Zigeunerweissagungen, Tod der Eltern und ähnlichem mehr.

Tatsache ist, daß Amalie im Oktober 1827 in Vaterstetten bei München zur Welt kam. Ihre Mutter Bibiana, eine Ungarin, hatte es vom Rheinland her nach München verschlagen, wo sie einen Michael Nonnenmacher, Haberlbauern und Roßhändler zu Marschall bei Holzkirchen, ehelichte. Amalie war das fünfte Kind einer unruhigen Familie, weshalb die Niederkunft nicht zu Hause, sondern im großelterlichen Anwesen zu Vaterstetten erfolgte. Nicht nur unruhig, sondern ausgesprochen übel beleumundet waren die Nonnenmacher außerdem. Nachweislich ergänzten sie den oberbayerischen Nachwuchs an Räubern und Dieben im Isargau nicht unerheblich. Mutter Bibiana war überall als »Hex'« verschrien. Die Kunst des Wettermachens und dergleichen mehr sagte man ihr nach. Am Miesbacher Landgericht war sie wegen Abtreibung einschlägig verzeichnet. Den Umgang mit Kräutern und Giften hatte sie von ihrem Vater, einem kaiserlichen Wundarzt beim Militär, einem sogenannten Feldscher, gelernt, dem sie als Kind beim Pflanzensammeln und Kochen von Arzneien helfen mußte. Das üppige, glänzende schwarze Haar, der stechend scharfe Blick aus dunklen Augen, das ganze zigeunerhafte Aussehen wie auch das willensstarke, energische Wesen war Amaliens mütterliches Erbe.

Von den Brüdern saßen immer einige gerade wegen Wilderei oder Raubüberfällen im Gefängnis. Wen wundert, daß auch Amalie als 14jährige erstmals mit dem Gesetz in Konflikt kommt, als sie gemeinsam mit ihrer Schwester Regina »amtliche Siegel« – wahrscheinlich Pfändungsmarken im elterlichen Hause – abreißt. Ihr

Herumstreunen bringt sie bis nach Hamburg, als 17jährige wird sie wegen »lüderlichen Lebenswandels« festgenommen, bald darauf wegen Diebstahls bestraft. Ein umfangreiches Vorstrafenregister belegt ihre ständigen Konflikte mit der Polizei, welche sie schließlich auf 2 Jahre unter »besondere Aufsicht« stellt. Das bedeutet, daß sie sich zu Hause aufhalten und ordentlich beschäftigen muß, dabei auf jedes Herumvagieren zu verzichten hat und die Bezirke Valley und Holzkirchen nicht verlassen darf.

Aber Amalie schert sich den Teufel darum, flucht und beschimpft die Gendarmen, wenn sie erwischt wird, sitzt immer wieder ein und übersteht die beiden Jahre so recht und schlecht. Mittlerweile 23 Jahre alt, versucht sie ihr Glück im nahen München, steht als Magd in einem Gasthaus ein, wechselt häufig den Dienstplatz und landet plötzlich als Kammerjungfer bei einer Gräfin Sandizell. Die Adelige nimmt sie mit auf Reisen und bringt ihr Manieren bei – was Amalie später sehr zustatten kommt! Eine undurchsichtige Affäre mit einem Grafen führt allerdings dann zur überstürzten Entlassung und zum Beginn erneuter Wanderschaft, die sie eigenen Angaben zufolge nach Ungarn, in die Türkei bis nach Asien geführt habe… Tatsache ist, daß Amalie Nonnenmacher im Mai 1856 in Frankfurt wegen Aufenthalts in einem »verdächtigen Hause« aufgegriffen, arretiert und per Schub nach München gebracht wird, wo sie erneut im »Neuthurm« einsitzt. »De is' und bleibt a Schnall'n«, sagt man von ihr.

Seßhaft wird Amalie erst als 34jährige nach ihrer Heirat mit dem gleichaltrigen Roßhändler Benedikt Hohenester am 14. Oktober 1861. Sie hat ihn über einen ihrer Brüder kennengelernt. Ihr Einzug in dessen Wagnergütl zu Deisenhofen ist gleichzeitig die Geburtsstunde der »Doktorbäuerin«: Unverzüglich richtet sie dort eine – wie man heute sagen würde – naturheilkundliche Praxis ein. Die Erfahrungen von Mutter und Großvater, gepaart mit enormem Geschäftssinn, setzt sie von jetzt an in klingende Münze um! Die Stube gegen die Dorfstraße hin wird zum Wartezimmer, die Kammer daneben zum »Ordinationsraum«, die Küche zum »Labor« und zur »Apotheke« umfunktioniert. Unter Mithilfe der Schwägerin und einer Magd kocht, mischt und verpackt sie ab 5 Uhr früh, denn bereits um 7 Uhr erscheinen die ersten Patienten. Würdig und feierlich werden sie von Amalie empfangen, die im Schwarzseidenen erscheint, ein silbernes Kruzifix auf der Brust. Unter prüfenden Blicken holt sie mit knappen Fragen aus dem Gast heraus, was sie wissen muß, hält das mitzubringende Urinfläschchen ans Licht, schüttelt es, stellt die Diagnose und verordnet darauf im Befehlston strenge Diät. Reizmittel wie Kaffee, Tee, Nikotin, Alkohol, scharfe Gewürze werden verboten, Blutreinigungs- und Magentee, Abführmittel, Salben und dergleichen werden verordnet. Die Medikamente läßt sie sich teuer in Gulden bezahlen – derweilen ihre Selbstkosten wegen der Beschaffung durch örtliche Kräuterweiberl bei einigen Kreuzern liegen dürften! Die ärztliche Beratung erfolgt dagegen kostenlos, von ärmeren Leuten verlangt sie meist gar nichts – manchmal aus Gutherzigkeit, aber auch mit dem Hintergedanken der

Mundpropaganda, wobei sie insbesondere an das einfache Volk dachte.

Daß die Krankheitsbilder scheinbar durch Urinbeschau konstatiert wurden, verblüffte immer wieder die unbefangenen, auf »Wunder« eingestellten Klienten. Daß die Hohenester sie in raffiniertem Frage-und-Antwort-Spiel vorher bereits zur Preisgabe wichtiger Details verführte, merkten die wenigsten. Daß sie im Wartezimmer, ja selbst in der Bahn nach Deisenhofen bezahlte »Spitzel« sitzen hatte, die alles Wichtige aus den Patienten herauszogen, ahnte niemand. Zusammen mit dem zweifelsohne vorhandenen Wissen der Doktorbäuerin um alte Hausmittel ergab sich so schon eine Beratung, die der eines »echten« Arztes nahe kam. Ihr Ruf breitete sich rasch aus, die Schar der in Deisenhofen Hilfe Suchenden schwoll an, viele brachten sogar zusätzlich die Urinproben Bettlägeriger mit und standen geduldig vor dem Wagnerhäusl Schlange...

Da begannen sich auch die Münchner Zeitungen mit dem Phänomen zu beschäftigen, teils bewundernd, teils kritisierend, doch jede noch so kleine Notiz bewährte sich für die Hohenester als neue Reklame. Ihre Methoden waren bald Tagesgespräch, was eigenartigerweise weder die ansässige Ärzteschaft noch die Behörden veranlaßte, sich intensiv mit ihrem Treiben zu beschäftigen. Lediglich der Universitätsprofessor und Ehrenbürger Johann Nepomuk von Nußbaum fühlte sich veranlaßt, mit einer Richtigstellung in den »Münchner Neuesten Nachrichten« 1862 das Gerücht zu dementieren, er selbst habe in Deisenhofen Rat gesucht. Dem Geschäftssinn Amaliens wäre es zuzutrauen, daß sie das Märchen selbst in die Welt gesetzt hat...

Eine Anklage wegen »Kurpfuscherei und Quacksalberei« nach Paragraph 112 der damaligen Rechtsverordnung, daß ohne ärztliche Vorbildung keine entsprechende Tätigkeit ausgeübt werden dürfe, kann dennoch nicht ausbleiben. Aber die Hohenester entpuppt sich als raffiniertes Luder: Zu gerichtlichen Vorladungen erscheint sie nicht, bei behördlichen Kontrollen in Deisenhofen zerschlägt sie blitzschnell alle Fläschchen und schüttet Substanzen zum Fenster hinaus. Sie geht sogar so weit, Gerüchte in die Welt zu setzen, sie sei Opfer von Vergiftungsanschlägen geworden. Um die allgemeine Anteilnahme der Bevölkerung auf sich zu lenken, bedankt sie sich dann öffentlich dafür in der Zeitung… Prozesse, Freisprüche, Hafttage wechseln einander ab, und dennoch steigt ihre Erfolgslinie steil bergan!

Gegen Ende des Jahres 1862 ist das Ehepaar Hohenester für 14 Tage unauffindbar. Gerüchteweise hört man von einer Einladung an den österreichischen Kaiserhof, Sissi selbst sogar… Nach dem Wiederauftauchen verlauten der bevorstehende Verkauf und die anschließende Zertrümmerung des Anwesens in Deisenhofen, zugunsten eines Umzuges ins Dachauer Gäu. Für das dortige neue Projekt muß die erlöste Summe von 11 000 auf 28 000 Gulden aufgestockt werden… Viel wahrscheinlicher, als daß die fehlenden 17 000 Gulden aus der angeblichen »Dienstreise« nach Österreich stammen, ist die Annahme, daß Amalie bei ihren Behandlungen eben doch nicht bloß »kostendeckend« gearbeitet hatte…

Mariabrunn

Am 13. Januar 1863 übersiedeln die Hohenesters nach Mariabrunn. Dieses kleine Bauernbad, zur Gemeinde

Röhrmoos gehörig, verdankte seine Existenz der zufälligen Entdeckung einer Heilquelle, die Jahrhunderte zurücklag. Bereits 1662 soll der Chronik zufolge der Holzhauer Stephan Schlairböck aus dem nahen Ampermoching nach mehrmaligem Trunk aus besagter Quelle von einem langjährigen Bruchleiden geheilt worden sein. Die erste Wasseranalyse durch einen kurfürstlichen Leibarzt ergab den Gehalt an »Schwefellaym aus nahen Moosflächen, vermengt mit Saliter, an dem Weidevieh gierig leckt...« Das Wunder aber sprach sich bald herum, die Quelle erhielt Zulauf, von weiteren wunderbaren Heilungen war die Rede. Der Landpfleger Georg Taissinger nahm sich nun des Wassers an: Er ließ die Quelle fassen und auf eigene Kosten eine Gnadenkapelle in Rundbauform »zur Ehre Unserer Lieben Frau« errichten. Ein Badhaus entstand »zu der ankommenden, sowohl der fürnehmen wie der armen Personen bequemer Gelegenheit und Unterkommen«. Sogar ins Ausland wurde das seifenhaltige Heilwasser verschickt.

1790 kaufte der kurfürstliche Leibarzt am Giesinger Krankenhaus, Dr. Anton Leuthner, den »Edelsitz und das Gesundbad Maria Brunn«. Er analysierte den Wasserinhalt als »Kalkerde, Erdsalz, Ockererde mit Eisengehalt«, setzte seine Patienten stundenlang in Badewannen voll Quellwasser und befreite sie so »von Verdruß und Zorn, Unordnung des Gedächtnisses, Leibsverstopfung, Schlaflosigkeit, Unfruchtbarkeit und anderem mehr«.

Nach seinem Tod allerdings sank – vor allem zur Kriegszeit – das Bad zur Bedeutungslosigkeit herab. 1864 gestaltete zwar ein Münchner Privatier namens Hummel Mariabrunn noch einmal zu einem »Heilort« um, indem er neben Wasser- auch Milchkuren verabreichte; doch wirtschafteten seine Nachfolger, ein Ehepaar Mayr, den Betrieb mit seinen Gebäuden und Einrichtungen vollends herab.

Ein Bauer von Ottershausen hatte Amalie Hohenester den Kauf der alten, verkommenen Gebäude vermittelt, und diese hatte begierig zugegriffen, ließ er sie doch alte, ureigene Pläne verwirklichen: Wenn auch verwahrlost, hatte das kleine Bad immerhin einen Namen, der nicht ganz unbekannt war. Der Ruf einer Heilquelle würde ihrer Tätigkeit einen historischen Hintergrund verschaffen – von »Pfuscherei« würde so schnell keiner mehr zu reden wagen. Letztendlich bot das neue Projekt für Amalie dreifache Einsatz- und Verdienstmöglichkeiten: Doktorin, Apothekerin und Gastwirtin in einer Person!

Bei der Übernahme besteht Mariabrunn aus einem einstöckigen Wirtshaus als Wohngebäude, aus dem sogenannten »Fürstenhaus« – einem aus früherer Zeit stammenden Jagdschlößchen –, aus dem Badhaus, in dem sich unten die Bade- und oben 12 schäbige Fremdenzimmer befinden, sowie einem gegenüberliegenden Saalbau mit Speiseraum und verschiedenen Nebenzimmern. Daneben gibt es noch die schwer beschädigte Kapelle, den halbverfallenen Brunnen der Heilquelle und einen schlechten Stall. Amalie ist besessen von der Idee, aus dem Ganzen einen mächtigen Kurbetrieb zu machen und ihm den Glanz der großen Welt zu verleihen. Unmittelbar nach ihrem Einzug bereichert sie den Ortsnamen um den entscheidenden Zusatz: »Bad Mariabrunn« steht jetzt auf den Postkarten, die in großer Zahl hinausgehen. Kredite ermöglichen 1866 die ersten großen An- und Umbauten: Der »Fürstenbau« – die noch heute existierende Gastwirtschaft – entsteht, die Wasseranlagen werden modernisiert, der Badebetrieb wird aufgenommen, eine Wandelhalle und ein Musikpavillon ergänzt, Wildgehege werden eingerichtet, Spazierwege befestigt.

Die anfangs noch mißtrauischen Bauern der Umgebung sehen die Hohenester zunehmend wohlwollend als Großabnehmerin von Butter, Eiern, Geflügel. Den Jüngeren bieten sich bei ihr neue Arbeitsplätze: Kellner, Zimmermädchen, Stiefelwichser, Musiker, Kutscher im eigenen Stellwagenbetrieb. Sie beschäftigt sogar eine hauseigene Feuerwehr – von den zahllosen Kräuterweiberln, die sie in der Saison mehrmals täglich beliefern, gar nicht zu reden.

Bald meldet der Dachauer Bezirksamtmann resignierend nach München, die Kurpfuscherei würde fortgesetzt, zügeweise kämen die Hilfesuchenden, die hiesigen Ärzte protestierten energisch, aber Strafeinschreitungen würden den Zudrang nicht mindern, sondern im Gegenteil nur verstärken. Er fordere eine Entscheidung von oben, dringlichst...

Ein strenges Regiment...

Laufen Behörden und Ärzteschaft anfangs noch Sturm, so verebbt dieser in dem Maße, wie die schlaue Hohenester das einfache Volk unter ihrer Klientel mehr und mehr zurückweist, den Verdienst der Ortsansässigen also nicht mehr schmälert. Ihre Kundschaft rekrutiert sich zunehmend aus Reichen, sie kommt als aristokratische Prominenz aus der ganzen Welt: die Großfürstin Vera, Fürst Woronzoff, Gräfin Stroganow, Baron Korff, Baron Rothschild... Man spricht bald mehr russisch und französisch als bayerisch, das Renommee der Hohenester, es reicht bis in den Kaukasus, nach Persien. Die steinreiche Schweinezüchtersgattin sitzt geduldig im Wartesaal neben Nikolai Nikolaijewitsch, dem russischen Generalissimus des späteren Ersten Weltkriegs. Aus England, sogar aus Übersee kommen die Gäste, täglich etwa zweihundert. Die Zahl der Gönner in Hof- und Beamtenkreisen wächst ständig.

Amalie begibt sich auffallend oft nach München. Berufungen gegen Verurteilungen wird immer öfter stattgegeben, Arreststrafen werden plötzlich erlassen, Verhandlungen unterbleiben gänzlich, Akten verschwinden – aber Strafen werden immer pünktlich bezahlt! Die Behörden sind des Nervenkriegs müde – die Doktorbäuerin hat schließlich gesiegt!

Ihr Wartezimmer ist nach wie vor voller Patienten, die brav ihr mitgebrachtes Urinfläschchen zücken und hoffen, gegen ein gutes Trinkgeld weniger lang ausharren zu müssen. An der Art der Diagnosestellung hat sich seit Deisenhofen nichts geändert. Sie setzt noch immer 20 gängige Heilpflanzen – bevorzugt Kamille, Pfefferminze, Schafgarbe – ein. Auch wenn sie behauptet, ihre Ingredienzien stammten von weit her, aus Indien, aus Ägypten, verwendet sie häufig Fertigprodukte aus München und färbt sie lediglich um. Gelegentlich soll Morphium im Spiel gewesen sein…

Immer läßt sie sich die Mischung in Gold aufwiegen, das die Kundinnen in eine Zinnschale zu legen haben. Fasziniert sind alle Patienten von ihrer selbstsicheren Art; sie durchschauen nicht, daß sie allüberall durch Spione ausgefragt werden. Die Doktorbäuerin läßt sich nicht hereinlegen, mit Roßurin etwa, wie es ein Veterinärstudent probierte! »Bist a guata Hengst, dir fehlt bloß Hafer und

Heu«, soll sie dem Verdutzten unter dem Gelächter aller Umstehenden entgegengehalten haben.

Grundsätzlich duzt sie jeden, verstärkt die Wirkung ihrer Ratschläge mit direkt hingesagten Ausfälligkeiten, wie »Daschlagn kunnt i di, daß du so spät zu mir 'kommen bist!« Sie setzt auch auf Schockwirkung: »Gschwind, laaf hoam, daß er no lebt, dei Kranker, aber mit meiner Medizin steht er in drei Tag wieder auf!«

Schneid bewies sie auch, die Hohenester – den Lebenswandel eines Millionärs prangerte sie an mit: »Zuerst lebts in Saus und Braus, vergeudets die besten Lebenssäfte. Und wenn dann die Vierziger daherkommen, na nakkelts wia die morschen Hopfenstangen! Abgelebt seids halt! Schaugts enk im Spiegel o, na segts as selber. Teats viele kalte Bäder nehma, gehts früh ins Bett, eßts mäßig, aber nahrhaft, arbats fleißig – koan andern Rat ko i enk net gebn!«

Kein Arzt hätte damals gewagt, die Jugendsünden seiner reichen Klientel so deutlich anzusprechen. Die Hohenester tat es, in schwarzer, pompöser Seidenrobe, mit Tüllüberwurf, im schwarzen Käppchen mit Schleier, Lack- und Samthandschuhen, über und über mit schwerem Goldschmuck, darunter dem russischen Kyrillorden, behängt. Ihr Salon, in dem die Konsultationen stattfinden, gleicht einem Ausstellungsraum für Geschenke, ein bissiger Fanghund bewacht den Zugang... Bissig, jähzornig ist sie selbst, gleicht einer Furie mit flatterndem Rabenhaar, wenn sie die Dienstboten züchtigt, Raufereien eigenhändig schlichtet. Es ist ein strenges Regiment, das sie führt, auch gegenüber ihrer Kundschaft: Wer nicht spurt, wird davongejagt. Sie kann es sich erlauben, denn eigentlich nimmt sie sich gar keiner Kranken an: Schwere Fälle weist sie von vornherein ab – »Für dich ist meine Kur zu stark«, heißt es dann –, sterben darf in ihrem Territorium niemand, das gilt als eisernes Gesetz.

Nach zehn von insgesamt fünfzehn Jahren Tätigkeit hat sie es in Mariabrunn auf 300 Tagwerk Grund, 30 Rösser und 80 Rinder gebracht. Sie errichtet eine eigene Bäckerei, Wagnerei, Brauerei, Schäfflerei, auch die Schmiede fehlt nicht. Insgesamt befiehlt sie über rund 100 Bedienstete, verbraucht je Saison, laut Unterlagen, 31 675 Pfund Fleisch, verarztet an die 2 000 Patienten, häuft ein Vermögen von 100 000 Gulden an, das heute Millionen von Mark entspräche.

Die Erfolge der Doktorbäuerin lassen sich auf einen Nenner bringen: Sie muß eine Persönlichkeit gewesen sein! Unbändiger Geltungswille, scharfe Beobachtungsgabe, gutes Gedächtnis, Menschenkenntnis, Verschwendungssucht, gepaart mit Geiz, kennzeichnen sie zeitlebens ebenso wie ihre ständigen Streitereien mit den Behörden der »Kurpfuscherei« wegen. Einer Auseinandersetzung um die »Badegerechtsame« in Mariabrunn im Winter 1868/69 begegnet sie, um die Angriffe abzuschmettern, kurzerhand mit der Anstellung eines eigenen Badearztes. Es ist der »quiescierte« Königliche Stabsarzt Dr. Curtius, ein gewesener Günstling der Lola Montez. Die Hohenester gibt sogar vor, ihm das ganze Unternehmen verkauft zu haben, nur um rasch wieder eröffnen zu können – was ein Jahr später tatsächlich in Glanz und Glorie geschieht, weil ab Dezember 1871 ein neues Polizeistrafgesetzbuch in Kraft tritt, in welchem der ihr so hinderliche Paragraph 112 bezüglich medizinischer Kurpfuscherei nicht mehr vorkommt. Eilig wird der fingierte Kauf rückgängig gemacht, ein neuer Arzt bestellt, ein Dr. Weisbrod aus München, ein seltsamer

Vogel, der nur in Fez, Bademantel und Holzpantoffeln auftritt, in seinem ersten Bericht bereits deutliche Züge geistiger Verwirrung erkennen läßt und wenig später in einer Irrenanstalt landet. Die weiteren Nachfolger – jeder weiß es – sind allesamt Strohmänner, Amalie gibt das Heft nie aus der Hand.

»Mali, werst do net sterbn?«

Doch wider den Tod ist kein Kraut gewachsen, auch für die Doktorbäuerin nicht! Wortkarg, depressiv, menschenscheu wird sie im letzten Lebensjahr, ihrem fünfzigsten, geschildert. Zurückgezogen liest sie tagelang in ihrem Salon kitschige Räubergeschichten, kümmert sich nicht mehr um Patienten, entwickelt immer größere Panik vor Gewittern, fürchtet sich vor Verhexung. Bettler und speziell Zigeuner ängstigen sie zu Tode. Die Unnahbare wird unberechenbar, vor allem, als sich ihr eigener Gesundheitszustand im Winter 1877 dramatisch verschlechtert. Vom Bett aus versucht sie den ganzen Betrieb zu dirigieren. Keiner darf erfahren, daß die eigenen Mittel, an deren Wirkung sie zuletzt selber glaubte, bei ihr nicht anschlagen. Kein Arzt, nicht einmal der bei ihr angestellte, wird konsultiert. In Aderlaß und Teekuren sucht sie Linderung der Schmerzen. Nur ihr Mann Benedikt und die Nichte Ottilie, die ihr schon jahrelang beim Zubereiten der Arzneien geholfen hatte und auch jetzt noch für die Aufrechterhaltung des Betriebes sorgte, sie dürfen ihr Zimmer betreten. Mit Reisen und auswärtigen Geschäften entschuldigt man ihr Nichterscheinen vor den Patienten.

Am 23. März 1878 kündigt die Hohenester Ottilie an, sobald Amalie der linke Arm anschwelle, müsse sie binnen weniger Stunden sterben. Tatsächlich tritt dies gegen 18 Uhr abends ein. Benedikt, sogleich davon verständigt, legt sich aber seelenruhig schlafen. Des Nachts phantasiert die Doktorbäuerin, will einem alten Weiberl Medizin verabreichen: »...aft legts enk nieder, werds müad sei... bin's aa... und jetzt will i schlaffa«, sollen ihre letzten Worte gewesen sein. Als der eilends geweckte Benedikt sie fragt: »Mali, werst do net sterbn?« hört sie ihn bereits nicht mehr. Hohenester soll darauf alle Schlüssel von den mit Geschenken gefüllten Truhen und Schränken gezogen und sich mit dem Stoßseufzer »Gott sei Dank, jetzt san d'Hundstäg vorbei« wieder schlafen gelegt haben.

Da niemand um ihren Zustand gewußt hatte, ging die Nachricht vom plötzlichen Tod der Hohenester wie ein Lauffeuer durch das Land. Einige munkelten über die Ursache des plötzlichen Hinscheidens. Ob sie nicht gar eines unnatürlichen Todes gestorben sei? Neider hatte sie ja nicht wenige. Aus dem ärztlichen Gutachten geht eindeutig hervor, daß sie an einem Brustgeschwür litt, das sie offenbar monatelang erfolglos selbst bekämpft hatte. Die eigentliche Todesursache war ein Herzversagen im 51. Lebensjahr.

Zu ihrer Beerdigung auf dem Ampermochinger Friedhof, wo sich noch heute ihr Grab befindet, formierte sich ein riesiger Leichenzug mit Neugierigen aus dem ganzen Landkreis. Die hochrangigen einstigen Patienten fehlten allerdings, da keinerlei Todesanzeigen verschickt worden waren.

Ein orkanartiges Unwetter soll just an diesem Tag über den Landstrich gegangen sein und in Mariabrunn zahlreiche Bäume geknickt haben...

Die Nichte Ottilie bemühte sich, nach dem Tod der Tante – sie kannte all ihre Rezepturen – den Badebetrieb aufrecht zu erhalten, jedoch die Gäste blieben aus. Später versuchte sie sich noch einmal als Badbesitzerin in Sulz am Fuße des Peißenberges, setzte ihre Hoffnung auf alte Mariabrunner Stammgäste, scheiterte aber wohl an ihrer eigenen Gutmütigkeit und starb 1912 nach drei ebenfalls gescheiterten Ehen völlig verarmt in Deisenhofen.

Im Jahr nach dem Tod der Doktorbäuerin erschien ein Bändchen »Amalie Hohenesters Arzneimittelschatz«, das ein dürftiges Pflanzenverzeichnis und eine ausführliche, aber dilettantische Urinkunde, bar jeder Fachkenntnis, enthielt.

Nachdem Amalie Hohenesters Ehe kinderlos geblieben war, erbte Benedikt, der sich zeitlebens in eine untergeordnete Rolle gefügt hatte, Besitz und Vermögen allein. Bereits drei Monate nach der Beerdigung heiratete er eine Anna Duschl aus Freising, Angehörige einer alten Brauerfamilie, und zog ins nahe Haimhausen. Bald tauchten Amaliens Kostbarkeiten in den Auslagen Münchner Juweliere zum Verkauf auf. Im Juli 1881 verkaufte er auch Bad Mariabrunn an den Königlichen Premierleutnant Heinrich Graf von Rimbaldi, der die Wirtschaft verpachtete und als Guts- und Brauereibesitzer dort wohnte.

Seit 1907 befindet sich Mariabrunn im Besitz der Familie Breitling, die das renovierte Gut bewirtschaftet und die von Amalie Hohenester begründete Brauerei weiterführt. In der renovierten Kapelle erinnern noch zahlreiche Votivgaben an Heilung und Linderung durch das wundersame Quellwasser, das auch der heutigen Brunnenfassung noch entnommen werden kann. An die wundersamen Methoden der Doktorbäuerin erinnert eine Gedenktafel. Und in der Gaststube blickt sie gar selber mit scharfem Blick aus einem lebensgroßen Farbdruck, angefertigt nach einer Fotografie des Königlich bayerischen und russischen Hoffotografen Albert im Münchner Stadtarchiv.

Am 1. März 1956 erfuhr sie eine letzte große Ehrung: Der Münchner Stadtrat benannte eine Straße in Aubing nach Amalie Hohenester, der legendären Doktorbäuerin von Mariabrunn.

ISBN 3-475-52826-6

Dieses Buch erscheint im
Rosenheimer Verlagshaus GmbH & Co. KG, Rosenheim

Umschlagbild: Andreas Reiner, Fischbachau
Satzarbeiten: Buch-Werkstatt GmbH, Bad Aibling
Druck und Bindung: Ebner Ulm

5 4 3 2 1